님께

드립니다.

지금 당신에게 필요한
경영의 모든 것

서 울 대 오 정 석 교 수 의 명 쾌 한 경 영 학

지금 당신에게
필요한
경영의
모든 것

오정석 지음

INFLUENTIAL
인 플 루 엔 셜

바뀐 세상에 맞게 경영학도 새롭게 배우자

삶은 선택의 연속이다. 점심시간에 어떤 메뉴를 고를 것인지, 집을 구할 때 대출을 받을 것인지, 안정된 현 직장에서 불확실하지만 좋은 조건의 다른 회사로 옮길 것인지 매 순간 선택을 하며 살아간다. 선택을 내리는 과정에서 결과는 해당 주체, 그 주체가 놓여진 환경, 가지고 있는 자원 등에 따라 천차만별로 달라진다. 하물며 이런 수많은 선택이 모여 하나의 성과를 내야 하는 조직의 경우 성과를 완벽하게 하나로 설명하기란 불가능에 가깝다.

현실에서 움직이는 사람과 조직을 다루는 사회과학이기에 경영학은 일반화가 쉽지 않다. 이러한 이유로 다양한 상황에 맞는 이론들이 서로 다른 기반을 가지고 공존하기에 종종 일관성이 없어 보이기도 한다. 예를 들어 직원의 효율성을 높이는 방법도 관점에 따라 다양하다. 전통적인 '인사 관리' 관점에서는 어떤 직원을 채용해야 하는지가 중요하지만, '품질 경영' 관점에서는 직원의 개인 특성보다는 작업 환경과 시스템이 중요하다. 이처럼 경영학은 한 가지 결정을 내리는 과정에서도 여러 이론을 적용할 수 있다. 쉽게 일반화할 수 없기에 이에 간혹 다른 분야에서는 '경영학을 과연 하나의 학문으로 인정할 수 있나?'라는 반응도 보인다.

경영학은 실제 경영 현장에서 도움이 되지 않으면 그 가치를 인정받기 어렵기에 실용적이다. 그런데 경영 지식이 많은 것과 경영을 잘하는 것이 반드시 일치하지 않는 경우도 종종 있다. 어떤 경우에는 특정 경영 이론을 정확히 이해하지 못한 채 맹신하면서 결과가 좋지 않으면 큰 실망을 하기도 한다.

게다가 시대와 환경의 변화, 특히 기술 패러다임의 변화가 닥치면 기존 경영 지식으로는 감당이 되지 않는 상황들이 벌어진다. 최근 우리나라에 닥쳤던 두 가지 쇼크, 아이폰 쇼크, 알파고 쇼크 등이 대표적이다. 아이폰 쇼크는 소프트웨어와 콘텐츠를 하나의 단말기와 결합시켜 엄청난 시너지를 만들어내는 '플랫폼 생태계'의 중요성을 알려줬다. 알파고 쇼크는 더 이상 기계가 단순 정보처리의 수준을 넘어 고차원적인 정신 노동의 많은 부분도 대체하고, 구체적으로 실생활에 적용될 가능성과 함께 이에 대한 두려움을 한꺼번에 보여줬다. 즉, 아이폰과 알파고는 기업의 운영 방식에 대한 근본적인 변화가 필요하다는 서곡이다. 당장 일선 경영 현장에서는 생태계 관점의 중장기 성장계획과 데이터에 기반한 전반적인 의사결정 시스템을 갖춰야 살아남을 수 있는 환경으로 바뀐 것이다.

경영학이 일반화가 어렵고 실용적 가치가 높아야 한다는 점을 감안할 때 전통적인 경영 교육은 얼마나 수요자의 욕구에 제대로 부합해 왔을까? 1~2년간 체계적으로 인사조직, 전략, 생산, 마케팅, 재무, 회계 등의 경영학 각 분야를 습득하는 MBA 과정 등은 여전히 그 가치가 있다. 그러나 급변하는 경영 환경의 본질이 교육 과정에 반영되는 데에는 일정기간 학문적인 숙성 과정이 필요하다. 이에 긴 시간과 비용을 경영 교육에 투자할 여력이 없는 대다수는 변화의 물결을 말하는 많은 경영전문서적들을 읽는다. 이 책들을 잘 활용하면 시의 적절한 효과를 거둘 수 있지만, 경영의 각 분야에 대한 기초가 없이 그대로 맹신할 경우 제대로 활용하기 어려울 수 있다.

이에 다양한 경영의 원리들을 폭넓게 살펴보고 또 최근 경영 환경의 변화에 대해 통찰력을 제공할 목적으로 이 책을 썼다. KBS 제1라디오 〈성공예감〉에서 '3분 라디오 MBA' 코너를 1년간 진행하면서 선정한 주제들을 중심으로 경영 원리, 실전 전략, 현재의 글로벌 비즈니스 트렌드를 적절한 균형을 맞추고, 누구나 쉽게 읽을 수 있도록 주제별로 부담스럽지 않은 길이로 준비했다. 이 책이 경영학을 배우고 싶지만, 많은 시간과 비용을 투자할 여력이 없는 경우에 활용할 수 있는 실전 경영학서로 많은 분들에게 도움이 되었으면 하는 바람이다.

끝으로 '3분 라디오 MBA'를 진행하는 동안 많은 기회와 격려를 주신 김방희 소장님, 김병진, 이혁휘 PD님과 이은희 작가님께 감사드린다. 또한 주제 발간과 자료 정리에 매진해 준 서울대학교 경영대학의 김동희, 김남구 박사 연구원들과 윤영준, 윤영석 석사 연구원들에게도 감사드린다.

2016년 겨울
오정석

| 차례 |

MARKET

시장과 기회

경영의
기본 법칙과 흐름
이해하기

떨어지는 주식은
왜 팔지 않을까

프로스펙트 이론

경제학자들은 인간이 불확실한 상황에서 가장 합리적인 선택을 내린다고 생각하는 사람들이다. 이러한 그들의 믿음은 기대효용이론expected utility theory*으로 발전됐다. 만약 지금 현금 1억 원과 당첨금 1억 원의 복권을 받을 기회가 있다면, 누구나 현금을 선택할 것이다. 기대소득은 1억 원으로 같지만, 당첨금은 불확실한 소득이기에 효용이 달라지기 때문이다.

하지만 실제 경제생활에서는 기대효용이론에 반하는 선택을 하는 경우도 많다. 70퍼센트 확률로 천만 원을 얻을 수 있는 복권과

---

* 불확실한 상황에서의 판단 기준은 기대소득이 아니라 기대효용(expected utility)에 있다는 이론을 말한다. 기대소득은 불확실한 상황에서 자신이 선택한 대안으로 얻게 될 것으로 기대되는 수익의 크기를 의미한다. 일반적으로 어떤 사건이 일어날 확률에 그 사건이 일어났을 때 받게 되는 소득을 곱해 계산된다.

100퍼센트 확률로 5백만 원을 얻을 수 있는 복권이 있다고 할 때, 기대효용이론에 따르면 기댓값이 높은 천만 원짜리 복권을 선택해야 한다. 그런데 현실은 기댓값이 낮음에도 안정적인 5백만 원 복권을 선택한다. 왜 이런 현상이 벌어지는 것일까?

심리학자 다니엘 카너먼Daniel Kahneman과 아모스 트버스키Amos Tversky의 '프로스펙트 이론prospect theory'에서 그 실마리를 찾을 수 있다. 이들은 프로스펙트 이론을 통해 불확실한 상황에서 우리가 수행하는 의사결정이 기대효용과는 다르다는 사실을 입증한다.**

프로스펙트 이론의 핵심은 사람들은 효용utility이 아니라 가치value에 근거해 의사결정을 수행한다는 것이다. 그리고 이러한 의사결정의 양상을 준거 의존성reference dependency, 민감도 체감성diminishing sensitivity, 손실 회피성loss aversion 이 세 가지 형태로 설명한다.

준거 의존성은 기준을 정한 후, 그 기준을 중심으로 이득과 손실을 평가하는 것이다. 각각 4천만 원과 3천만 원의 연봉을 받는 A와 B를 비교하면, 대부분 A가 더 나을 것이라고 생각한다. 하지만 두 사람의 전년도 연봉이 각각 5천만 원, 2천만 원이라는 또 다른 정보가 주어지면, 전년도 연봉을 기준으로 이득과 손실을 평가해 B가 낫다고 평가할 수 있다.

민감도 체감성은 이득과 손실이 커질수록 같은 변화에 민감도가 떨어진다는 것이다. 연봉이 4천만 원에서 5천만 원으로 오르는 사

** 다니엘 카너먼과 아모스 트버스키는 프로스펙트 이론으로 2002년 노벨경제학상을 받는다.

UTILITY >>> VALUE

주식투자자들의 패턴을 분석하면, 이익이 발생한 주식은 빨리 팔고
손실이 발생한 주식은 늦게 파는 경향이 발견된다.
주식투자자들 대부분이 손실의 실현을 싫어하기 때문이다.

람이 5천만 원에서 5천5백만 원으로 오르는 사람보다 더 행복하다는 것을 의미한다.

손실 회피성은 동일한 금전적 가치에 이익이나 손실이 발생했을 때 이익으로 인한 행복보다 손실로 인한 불행을 더 크게 느끼는 성향을 의미한다.*** 주식투자자들의 패턴을 분석하면, 이익이 발생한 주식은 빨리 팔고 손실이 발생한 주식은 늦게 파는 경향이 발견된다. 이는 주식투자자들 대부분이 손실의 실현을 싫어하기 때문이다. 오히려 손실한 경우에는 주식 가격이 더 떨어질 수 있음에도 위험을 감수하는 성향을 보인다.

홈쇼핑 방송은 손실회피 심리를 가장 적극적으로 이용한다. '마감 임박'과 '수량 곧 매진'을 여러 번 강조하고, '저렴하게 구매하세요'라는 말보다 '싸게 살 수 있는 기회를 놓치지 마십시오'라는 문구를 사용하며 소비자의 심리를 자극한다.

*** 카너먼과 트버스키의 분석에 따르면 손실은 이익보다 약 2~2.5배 크게 느껴진다.

CEO가 바뀌면
그 회사 주식이 떨어진다?

빅 배스 효과

상장 기업들은 매 분기가 끝나면 실적 발표 시간을 갖는다. 악조건 속에서 좋은 실적을 낸 회사는 전년, 전분기보다 높아진 이익 실적 '어닝 서프라이즈'를 발표하고, 그렇지 못한 업체들은 손실한 실적 '어닝 쇼크'를 발표한다. 한 기업의 실적 발표 결과에 따라 그날의 주가는 크게 요동친다.

어닝 쇼크를 발표한 기업의 경우 실적이 악화된 이유에 대해 공시자료나 언론을 통해 해명하는데, 이때 회계 부문의 '손실 반영'으로 인해 순이익이나 매출액이 대폭 감소하거나 적자가 나는 경우도 많다. 회계 부문의 손실 반영이란 그동안 손해가 아닌 것으로 처리하다가 이번 분기에 이를 털어버리는 것을 의미한다.

이런 현상은 기업의 CEO가 바뀌었을 때 자주 발생하는 경향이 있다. 새로 취임하는 CEO가 회계 장부를 확인한 후 전임 CEO가 잡지 않았던 손실을 발견했을 때, 이를 그대로 떠안는 것은 새롭게 시작하는 CEO와 경영진 입장에서는 부담이 된다. 따라서 전임 CEO의 재임기간 동안 누적된 손실을 회계상으로 최대한 털어버림으로써 기업의 실적 부진을 전임자에게 넘기는 것이다. 이를 빅 배스big bath라고 한다. 목욕을 철저히 해서 기업의 묵은 때를 벗긴다는 뜻으로, 회계장부 정리를 통해 손실을 감수하더라도 새로운 환경에서 경영을 시작하겠다는 의미를 담고 있다.

새 경영진 입장에서는 회계 처리 과정에서 과거에 발생한 부실을 상각시키고, 잠재적인 부실까지 한꺼번에 털어내게 되면 향후 경영 실적이 극적으로 좋아지는 효과를 얻을 수 있다. 특히, 단기간에 가시적 성과를 내야 하는 압박이 큰 공기업이나 금융지주회사에서 빅 배스 현상이 두드러진다.

또한 일반적으로 정권교체 시기에는 정치지형의 변화에 따라 해당 정부에 맞는 CEO나 경영진으로 교체가 이뤄지기 때문에 각 정권 초에는 빅 배스로 인한 공기업의 어닝 쇼크가 발생하는 경우가 많다. 하지만 이전 경영진의 성과를 보고 투자한 주주들은 이러한 회계처리로 인해 주가 하락에 따른 손실을 봐야 한다는 문제점도 제기된다. 물론 빅 배스의 경우 일반적인 분식회계보다 주가 하락이 낮은 편이긴 하지만, 주가 하락이 이어지면 주주 입장에서는 좋을 수 없다.

지난 2015년 대우조선해양의 사례처럼 간혹 빅 배스를 둘러싸고 분식회계에 대한 논란이 나타나곤 한다. 당시 3조 원 영업 손실을 발견해 빅 배스로 처리했지만, 상당한 규모의 손실이기에 전임 CEO가 회계 손실을 알고도 고의적으로 이를 덮은 사실상 분식회계가 아니냐는 논란에 휩싸인 적이 있었다.

사실 빅 배스와 분식회계를 엄밀히 구분하기란 상당히 어렵다. 빅 배스와 분식회계를 구분하는 기준은 고의성이기에 고의로 분식회계를 하지 않았다고 밝히는 경우가 대부분이다. 만약 전임 CEO가 만약 회계 손실을 알고도 고의적으로 이를 무시했을 경우에는 분식회계로 처벌 대상이지만, 빅 배스라고 밝혀질 경우에는 이는 회계 처리의 과정이므로 형사적 처벌 등은 받지 않는 것이 통상적이다.

맛집 블로그를
믿을 수 없는 이유

집단동조 현상

부산으로 여름휴가를 떠난 직장인 A. 처음 가보는 부산에서 무엇을 먹어야 할지 고민하며 스마트폰으로 '부산 맛집'을 검색해 평점이 높고 후기가 많이 올라온 식당을 찾았다. 하지만 기대를 하고 찾아간 그 식당은 A에겐 실망스러웠다. 이후 A는 블로그에 소개된 맛집을 믿지 않는다.

새로 개봉한 영화를 보러 가기 위해 검색창에 영화제목을 입력하면 각 영화에 대한 다양한 정보를 볼 수 있다. 이때 가장 먼저 제공되는 것은 그 영화의 예매율과 평점이다. 이 예매율과 평점은 영화의 기본 정보라고 할 수 있는 감독, 배우, 작가, 줄거리와 같은 것보다 먼저 소개된다. 이제 누가 '만들고', 누가 '나오는' 것보다 다수의 관람객이 남긴 계량화된 '평점'이 영화를 고르는 데 있어 가장 중요한 요인이 되고 있다.

　인터넷으로 물건을 살 때도 비슷한 상황이 벌어진다. 실시간으로 제공되는 다양한 제품정보 중에서 대부분은 이 제품이 얼마나 많이 판매가 되었는지를 제일 먼저 앞세운다. '많은 사람들이 구매한', '평이 좋은 상품'은 선택에 안심을 줄 수 있다.

　이처럼 남들의 행동을 자신의 의사결정 기준으로 삼는 것을 군집행동群集行動, herd behavior이라고 한다. 일반적으로 자신의 판단을 신뢰하지 못하거나, 의사결정을 위한 정보가 부족할 때 나타나는 현상으로 집단동조 현상이라고 표현하기도 한다.

　예매율이 높고 평점이 좋은 영화임에도 정작 재밌는 영화가 아닌 경우도 많다. 이처럼 군집행동은 간혹 거품을 유발하고, 그 거품에 행위 당사자를 휩쓸려가게 할 때도 있다. 17세기 네덜란드의 튤립 투기, 1990년대 말의 닷컴 버블, 앞으로 닥칠 경제·정치적 위험을 등한시하고 감정적으로 동조한 모양새의 브렉시트Brexit 등이 그렇다. 이렇듯 대부분의 집단동조 현상은 정확한 정보와 판단 없이 내리는 의사결정에서 비롯된다.

　2013년 영국 레스터 대학의 생물학자 스위드베르트 오트Swidbert R. Ott 교수는 사막메뚜기의 집단동조 현상에 대한 연구 결과를 발표한다. 사막메뚜기는 혼자일 때 천적의 눈에 잘 띄지 않기 위해 보호색을 띠고 독이 든 음식을 피하지만, 무리를 이루게 되면 인지 능력이 떨어져 보호색도 포기하고 천적에 고스란히 노출된 채로 독이 든 음식도 먹는다는 것이다.

사람들이 몰리는 곳에는 그럴 만한 이유가 있다. 이에 관심이 생기고 동조할 수 있다. 집단동조 현상은 인간의 본능적인 선택이다. 하지만 경제적인 관점에서 희소성의 법칙과 상충하고 있음을 간과해서는 안 된다. 오트 교수에 따르면, 사막메뚜기 떼가 지나간 곳은 황폐화된다고 한다. 사람들이 몰리는 순간도 유사하다. 사람이 몰리면 희소성은 사라지고 가치는 급격하게 하락한다. 남들이 하는 선택은 참고일 뿐 중요한 결정은 결국 스스로 내려야 한다.

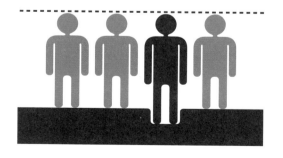

소비는 어떻게 진화하는가

쇼루밍

물건을 구입할 때, 같은 물건을 어디에서 가장 저렴하게 판매하는지 찾아보게 된다. 소비자의 구매 패턴에 맞게 온라인 쇼핑이 정교하게 발달한 지금은 한 번의 마우스 클릭, 한 번의 손가락 터치만으로도 가격, 할인율, 구매혜택 등을 비교할 수 있게 됐다.

일반적으로 유통마진이 적은 온라인에서는 같은 상품을 오프라인 매장에 비해 저렴하게 구매할 수 있다. 하지만 온라인에서는 상품을 직접 확인하기 어렵고, 고가의 제품이라면 온라인에서 구매하는 것이 꺼려지기도 한다. 이에 오프라인 상점에서 눈으로 직접 확인하고 손으로 직접 만져본 뒤, 같은 상품을 온라인에서 저렴하게 구매하는 소비 형태가 일반화되어 가고 있다. 이를 쇼루밍showrooming이라고 한다. 오프라인 매장이 마치 온라인 상점의 전시장showroom이 되어간다는 뜻이다.

하지만 최근 쇼루밍의 반대 현상도 눈에 띄게 증가하고 있다. 온라인에서 상품을 검색한 뒤 실제 구매는 오프라인에서 하는 역쇼루밍reverse showrooming 현상도 일어나고 있다. 역쇼루밍은 웹사이트가 쇼룸이 된다는 의미로 웹루밍webrooming이라 부르기도 한다.

역쇼루밍은 스마트폰과 SNS가 보다 대중화되면서 생겨난 소비 형태다. 스마트폰과 SNS를 통해 상품에 대한 정보를 더 쉽게 수집할 수 있게 되면서 해당 상품을 주변의 오프라인 매장에서 바로 구입하는 경우가 점차 증가하고 있다. 역쇼루밍은 화장품, 전자제품, 유아용품 등 쇼루밍 이전에 직접 매장에서 구매하는 비중이 높았던 상품들을 중심으로 확산되고 있다. 2013년 《하버드 비즈니스 리뷰》가 북미지역과 영국 소셜미디어 사용자를 대상으로 한 조사 결과, 응답자의 41퍼센트가 역쇼루밍을 하고 있다고 응답했다.

쇼루밍으로 큰 위협을 받았던 오프라인 유통업체들은 역쇼루밍을 기회로 삼고 있다. 웹사이트를 방문한 고객에게 오프라인 매장에서만 사용 가능한 쿠폰을 지급하거나, 매장 내 제품을 온라인으로도 상품 정보와 후기를 확인할 수 있도록 다양한 서비스를 제공하고 있다. 대표적인 예는 미국의 대형 유통체인 베스트바이Bestbuy와 시어즈Sears다. 이들은 매장 내에서 가격비교를 할 수 있는 앱을 출시해 본 매장보다 더 낮은 가격이 있으면, 그 낮은 가격으로 오프라인에서 제품을 구매할 수 있도록 고객들을 유도하고 있다.

한편 오프라인 매장에서 마음에 드는 상품을 발견했을 때 바로 모바일을 통해 같은 상품을 구매하는 소비 형태, 모루밍morooming도 늘어나고 있다. 구매 방법이 스마트폰이라는 점이 차이가 있을 뿐 쇼루밍과 비슷한 개념이다. 굳이 컴퓨터를 통하지 않고 언제 어디서든 스마트폰을 통해 인터넷에 접속할 수 있게 된 요즘, 가장 최적화된 소비 형태다. 2014년 1분기 모바일 거래액이 전년 동기 1조 1274억 원에 비해 155.6퍼센트가 증가한 2조 8930억 원에 달할 정도로 모루밍은 급성장을 보이고 있다.

　다양한 방식으로 소비 형태가 진화하면서 누구나 스마트 컨슈머 smart consumer가 될 수 있다. 여러 브랜드의 가격을 비교한 후 개인별로 가장 편리한 매장에서 구매할 수 있게 되면서 더 효과적인 소비를 할 수 있는 기회가 만들어지고 있다.

플랫폼 선도 기업이 중요한 이유

플랫폼 생태계

요즘 경영학에서도 '생태계'라는 말이 자주 등장하고 있다. 경영학에서 말하는 생태계란 여러 기업 간의 상관관계를 뜻한다. 자연과학의 용어였던 생태계가 경영학에서 사용되기 시작한 것은 1990년대부터다. 당시 자동차, 유통, IT 등 산업과 기업의 구도와 흥망성쇠를 설명하기 위해 생태계라는 단어를 본격적으로 사용하기 시작했다. 인터넷, 스마트폰 산업이 폭발적으로 성장하고 있는 최근에는 더 많이 사용되고 있다. 이 생태계 이론은 경쟁을 바라보는 시각을 개별기업 간의 경쟁이 아닌 생태계 간의 경쟁으로 관점을 변화시켰다.

생태계에 참여하는 기업들은 규모와 보유자원에서 차이를 보이며, 이에 따라 추구하는 전략도 나뉜다. 하버드대 마르코 이안시티 Marco Iansiti 교수는 이를 키스톤 플레이어keystone player, 지배자dominator,

니치 플레이어niche player 등 세 가지로 구분했다. 키스톤 플레이어는 생태계의 적극적인 리더로 생태계 전반의 방향을 이끌어나가는 핵심 역할을 한다. 이들은 플랫폼을 통하여 생태계 전반에 가치를 창조하고 공유하는 '네트워크의 허브'가 된다. 반면 지배자는 생태계에서 가치를 창출하지만 키스톤 플레이어와 달리 창출된 가치를 독점하려고 하는 경향을 보인다. PC 시장의 IBM, 인터넷 시장의 야후, 에너지 기업 엔론Enron과 같은 기업은 생태계를 폐쇄적으로 운영해 생태계의 독점을 노렸지만, 결국 생태계 전체의 경쟁력을 저하시키고 몰락시키는 결과를 자초했다는 평가를 받았다. 니치 플레이어는 네트워크상에서 다른 구성원과 차별되는 역량을 개발해 키스톤 플레이어가 생태계 내에서 구축해놓은 서비스를 활용하며 자신만의 특성화된 역량을 발휘한다.

키스톤 플레이어와 니치 플레이어의 관계를 모바일 플랫폼 생태계의 예를 들어 설명하자면, 안드로이드 OS의 구글, iOS의 애플은 생태계를 조성한 키스톤 플레이어다. 이들이 OS의 끊임없는 업그레이드를 통해 생태계의 큰 틀을 제공하면, 니치 플레이어들이 구글 플레이스토어, 애플 앱스토어에 입점해 어플리케이션을 개발하고, 성능을 계속 업그레이드한 버전을 업로드한다. 이처럼 생태계의 경쟁력을 갖추기 위해서는 키스톤 플레이어와 니치 플레이어가 자연스럽게 관계를 맺고 함께 발전해야 한다. 이를 위해서 키스톤 플레이어는 지배자가 될 유혹을 떨쳐버리고, 니치 플레이어를 배려하는 환경 조성에 유념할 필요가 있다.

두 기업의 수익만으로도 전체 PC 산업의 75퍼센트를 차지하는 마이크로소프트와 인텔, 모바일 산업 전체 수익의 3분의 2 이상을 차지하는 애플. 이들처럼 생태계 경쟁에서 살아남아 해당 산업을 이끄는 기업을 선도 기업이라고 한다. 생태계 내에서 기업들은 선도 기업이 되기 위해 경쟁을 할 뿐더러 해당 생태계 전체가 다른 생태계와도 경쟁하게 된다. 선도 기업은 생태계의 탄생, 성장, 성숙 등 전 과정에서 매우 중요한데, 이 기업들이 특정 생태계의 기술적·경제적 비전을 제시하고 지켜가야 하는 대표적인 역할을 하기 때문이다. 한 생태계의 성공적인 조성과 발전, 유지에는 이처럼 선도 기업의 역량이 중요하다.

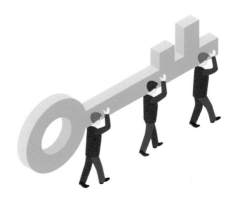

애플은 왜 다시 미국으로 돌아가려고 하는가

리쇼어링

"미국을 새 일자리와 제조업을 끌어들이는 자석으로 만드는 것이 최우선 정책이다."

2013년 버락 오바마 미국 대통령이 연임 후 첫 번째 국정연설에서 가장 강조한 것은 자국 내 일자리 창출이었다. 그동안 미국 기업들은 원가절감을 위해 중국, 멕시코 등 생산비용이 저렴한 국가로 생산 혹은 서비스 분야를 이전해왔다. 이를 '오프쇼어링offshoring'이라고 한다.

중국은 오프쇼어링을 위한 최적의 국가였다. 값싼 노동력으로 제품을 생산할 수 있는 동시에, 13억 인구에서 비롯되는 세계 최대의 내수시장을 가지고 있기 때문이다. 하지만 2008년 경제위기 이후 중국 내 생산비용이 연평균 20퍼센트씩 증가하는 임금상승률과 절상된 위안화 가치로 인해 계속 증가하기 시작했다. 더 이상

미국 기업의 리쇼어링 사례
2012년 **7퍼센트** 증가
2015년 140퍼센트 증가

중국의 오프쇼어링이 매력적이지 않자, 미국 기업들은 생산기지를 다시 옮기려는 움직임을 보이기 시작했다.

고용능력 창출, 경기회복을 위해 제조업의 부활을 이끄는 정책을 마련해왔던 미국 정부는 이 타이밍을 놓치지 않고 "해외 저임금 국가로 일자리를 퍼 나르는 기업의 세금 감면 혜택을 중단하고 미국 내 일자리를 늘리는 기업에게 세제 혜택을 주겠다"고 발표한다. 이전됐던 분야를 본국으로 다시 이전하는 '리쇼어링reshoring' 정책을 펴기 시작한 것이다.

그동안 자사 제품을 전량 해외에서 만들어왔던 애플은 2013년에 1억 달러를 투자해 미국 내에서 매킨토시 컴퓨터를 생산하겠다는 리쇼어링 계획을 발표했다. 제너럴 일렉트릭GE 역시 켄터키 주 루이스빌에 온수기와 냉장고를 생산하는 '어플라이언스 파크'라는 공장지대를 설립했고, 2014년에는 8억 달러를 들여 생산시설을 확충했다. 중국의 믹서기 생산시설을 미국 오하이오 주로 옮긴 월풀, 멕시코 공장을 사우스캐롤라이나 주로 이전한 엘리베이터 제조업체 오티스 등 미국 기업의 리쇼어링은 계속되고 있다. 컨설팅회사 BCG의 조사 결과, 미국 기업의 리쇼어링 사례는 2012년 7퍼센트 증가하는 데 그친 반면 2015년에는 140퍼센트나 늘었다. 외국 제조시설의 리쇼어링 비용 20퍼센트를 세액공제하는 혜택을 주는 등 오바마 정부의 적극적인 리쇼어링 정책은 미국 제조업의 르네상스를 불러왔다.

리쇼어링은 기업의 비용절감은 물론, 자국의 산업을 발전시키고 경제를 활성화하는 기업적·국가적 전략이 될 수 있다. 하지만 일각에서는 리쇼어링의 효과가 생각보다 크지 않다는 분석도 나오고 있다. 특히 내수시장이 크지 않고 해외수요에 대한 의존도가 높은 한국 기업들에게 전략적 대안으로서의 매력이 특별히 커 보이지는 않는다. 오히려 중국에서 베트남과 같은 제3국으로 대상을 바꿔 오프쇼어링하는 경우가 유리한 기업도 많다.

이러한 상황에서 LG전자의 선택이 관심을 받고 있다. 2016년 3월 국내 대기업으로는 최초로 멕시코 내 세탁기 생산 물량을 국내 공장으로 돌리는 리쇼어링을 결정했기 때문이다. 리쇼어링이 침체된 국내 제조업 시장에 활력을 불어넣을 수 있을지 주목할 필요가 있다.

독점할 것인가
망할 것인가

수확체증 경제

미국 산타페 연구소 브라이언 아서^{Brian Arthur} 교수는 《하버드 비즈니스 리뷰》에서 현대 경제는 수확의 유형에 따라 수확체감의 법칙이 작용하는 경제, 수확체증의 법칙이 작용하는 경제로 구분된다고 말했다.

자본, 노동 등 생산요소를 추가적으로 계속 투입하면 생산량이 증가한다. 그런데 어느 시점이 지나면 새롭게 투입하는 요소로 인해 발생하는 수확의 증가량은 감소하기 시작한다. 이것이 수확체감의 법칙이다. 수확체감의 법칙은 지금까지 대량의 자원을 대규모로 가공 처리하는 전통산업경제에 적용되어 왔다.

반면 IT, 소프트웨어, 문화, 서비스 등이 주력 산업인 최근의 지식기반경제에서는 이와 반대되는 현상이 일어나고 있다. 투입된 생산요소가 늘어나면 늘어날수록 해당 산출량이 기하급수적으로 증가하는 현상, 즉 수확체증의 법칙도 함께 보이고 있는 것이다.

아서 교수는 수확체증 경제의 특징으로 앞서나가는 비즈니스는 더 앞서나가고, 뒤쳐지는 비즈니스는 더 뒤쳐질 수밖에 없는 경향을 보인다고 말한다. 수확체증의 법칙에 의하면 일단 시장에서 성공한 제품이나 기업은 계속해서 성공하게 되고, 이러한 이유로 수확체증이 존재하는 비즈니스, 산업 또는 시장에는 승자독식(독점)이 존재하게 된다. 이것이 피터 틸Peter Teal이《제로 투 원Zero to One》에서 새로운 시장(0)을 창조하고 그 시장을 독점(1)해야 한다고 강조한 이유다. 검색 및 검색광고에서 구글과 네이버, SNS에서 페이스북, 온라인서점에서 아마존 등이 승자독식의 대표적인 사례다.

수확체증 현상이 나타나는 데에는 네트워크 현상이 주된 원인이 된다. 사용하는 메신저의 유저가 적을 때 그 메신저의 가치는 전무하지만, 메신저 유저가 늘어남에 따라 얻게 되는 효용은 기하급수적으로 증가하기 때문이다.

일종의 네트워크 효과라고 할 수 있는 정보적 수확체증도 수확체증 현상의 이유다. 일반적으로 스마트폰과 같은 IT기기의 경우 다른 제품과 달리 그 사용이나 효용을 바로 알기 어려운 경우가 많기에 다른 사람의 의견이나 구매 후기를 통해 도움을 얻는다. 따라서 많은 사람이 사용하는 기기가 더 많이 팔리게 될 가능성이 높아진다. 전환비용이 발생하는 것도 수확체증 현상을 가중시킨다. 아이폰을 쓰는 사람들이 다른 스마트폰을 구매하기보다 일 년 뒤 출시하는 새로운 버전의 아이폰을 구매하는 것처럼 다른 제품으로 전환하는 비용이 크게 발생하면 하나의 제품 혹은 하나의 서비스로 고착화된다.

정보와 네트워크에 기반하고 있는 수확체증 경제의 규칙과 방법은 전통적인 수확체감 경제와 다를 수밖에 없다. 수확체증 경제에서의 경쟁이란 시장 또는 산업 내에서의 경쟁이 아니라 새로운 시장을 창출하는 것이다. 그런데 여전히 많은 기업들은 수확체증 경제에서 수확체감 경제의 경쟁 전략을 펼치고 있다는 점이 문제다.

틈새시장은 언제나 존재한다. 가장 많은 유저가 사용하는 SNS는 페이스북이지만, 사람과 사람의 연결 기능을 특화한 링크드인, 사적인 대화 기능을 보다 극대화한 스냅챗처럼 '새로운 시장(0)을 창조하고 그 시장을 독점(1)'하려는 시도는 지금도 계속되고 있다.

10년 전 영화가
여전히 흥행하는 이유

롱테일 법칙

2015년 11월 영화 〈이터널 선샤인〉은 흥미로운 기록을 세웠다. 신작이 아닌 재개봉작임에도 17만 명이 관람하면서 2005년 처음 상영했을 때의 관객 수(16만 명)를 훌쩍 뛰어넘은 것이다. 적은 극장 수에도 높은 점유율을 기록하며 장기 상영에 성공하기도 했다. 추억으로만 기억되던 영화였지만, 인터넷, SNS 등을 통해 영화의 가치가 재발견되면서 영화의 수명도 길어졌을 뿐 아니라 수익도 늘어났다.

19세기 말 이탈리아의 한 경제학자는 '한 나라의 전체 부富의 80퍼센트는 상위 20퍼센트가 소유하고 있다'는 80 대 20의 법칙을 발표한다. 이 경제학자의 이름을 딴 '파레토 법칙'은 현대 경영학의 가장 핵심적 이론 중 하나다.* 거의 모든 기업의 기본 전략은 매출의 80퍼센트가 충성도가 높은 20퍼센트에서 나온다는 파레토 법칙에서 출발한다. 인기상품이나 주력상품을 고객의 눈에 쉽게 들어오는 곳에 진열하고, 상품 하나를 팔아 수익을 내는 전략보다 브랜드 충성도를 얻기 위한 전략에 고심한다.

하지만 아마존의 서점 전체 매출액 중 과반 이상이 오프라인 서점이 비치하지 않은 비인기도서에서 창출되는 등 인터넷, 모바일 기술이 발달하면서 파레토 법칙이 적용되지 않는 사례들이 점차 발견되기 시작했다. 20퍼센트의 중요한 소수보다 80퍼센트의 중요하지 않은 다수가 더 많은 가치를 창출하는 현상이 일어난 것이다.《와이어드Wired》의 편집장 크리스 앤더슨Chris Anderson이 처음으로 언급한 '롱테일 법칙'이다.

롱테일 법칙은 주로 인터넷 기반의 기업에 적용되고 있다. 공간의 제약이 없고, 구매 프로세스를 단축시키는 데 기술 발전이 큰 도움을 주고 있기 때문이다. IT의 발전은 중요하지 않은 다수 80퍼센트의 욕구를 충분히 수용할 수 있는 환경을 제공한다. 이 중요하지 않은 80퍼센트의 다수는 개인의 개성이 다양해 쉽게 평균으로 구분할 수 없다는 특징이 있다. 아마존과 같은 온라인 유통채널은 공간의 제약 때문에 오프라인에서 보유하고 있을 수 없던 다양한 종류의 제품들을 보유할 수 있다. 이것이 중요하지 않은 다수의 욕망을 소화할 뿐만 아니라, 신규 수요 창출에도 혁혁한 공을 세운 것이다.

---

* 파레토는 자신의 소일거리였던 완두콩 재배를 통해 파레토 법칙을 연구하기 시작했다. 수확한 완두콩의 80퍼센트가 20퍼센트의 완두콩 꼭지에서 나왔기 때문이다.

IT의 발전은 정보검색에서 구매 후 활동에 이르는 소비자 프로세스를 대폭 감소시켰다. 이로 인해 더욱 꼼꼼한 비교를 통해 물품을 구매하는 소비자들이 늘어났다. 롱테일 법칙이 성립될 수 있는 이유다.

　　앞서 소개한 영화 재개봉 사례처럼 앞으로 더 많은 분야에서 중요하지 않은 다수의 숨은 가치를 발견하는 사례가 많아질 것이다. 좋은 가치는 결코 사라지지 않는다. 그리고 그 가치는 수명이 길게 이어져 수익으로도 연결될 수 있다. 이것이 롱테일 법칙의 교훈이다.

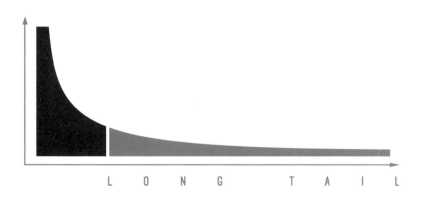

물가를 알면
경제가 보인다

스크루플레이션

한 나라의 경제가 성장하면 소비가 늘어나면서 물가 역시 경제의 성장 정도에 비례해 상승하는데, 이를 인플레이션이라고 한다. 반대로 경제 성장세가 둔화되면 소비 역시도 주춤하면서 물가가 내려가고 경기가 경직되는 현상, 디플레이션이 나타난다. 때에 따라서는 경기가 경직되었는데도 물가상승률이 높아지는 스태그플레이션 현상도 일어난다. 이처럼 물가를 보면 현재 경제의 흐름이 어떻게 돌아가고 있는지, 향후 어떻게 흘러갈지 어느 정도 예측이 가능하다.

경제 구조, 산업 구조가 더 복잡해진 최근에는 물가에 대한 용어들도 다양하게 생겨나고 있다. 지구 온난화 등 기상 이변으로 공급에 문제가 생겨 곡물가격이 상승하면 일반 물가도 오르는데, 이러한 현상을 가리켜 농업agricurture과 인플레이션을 합쳐 애그플레이션

agflation이라고 한다.

　2008년 금융위기 이후, 미국 경제는 중산층이 무너지며 경기가 경직되고 말았다. 이를 가리켜 미국 유명 헤지펀드 업체 중 하나인 시브리즈 파트너스Seabreeze Partners의 대표 더글라스 카스Duglras Cars 는 '스크루플레이션screwflation'이라고 말했다. 스크루플레이션은 쥐어짠다는 의미의 스크루screw와 인플레이션을 합친 말로, 마치 젖은 수건의 물을 계속해서 짜내는 것처럼 중산층을 쥐어짜는 경기침체 현상을 의미한다.

　중산층의 소비가 활발히 이루어져야 생산과 고용이 상승하고 경제 역시도 성장할 유인이 생긴다. 하지만 물가상승으로 인한 가처분 소득이 줄어들면서 중산층들의 지갑이 닫히게 되면 소비는 줄고 경기는 위축된다. 이 상태에서는 아무리 다른 경기 지표가 긍정적이더라도 실질경제는 나아지지 않는다. 스크루플레이션은 개인의 실질소득과 물가 상승을 연관지어 설명하는 만큼 개개인이 느끼는 체감물가 상승에 초점이 맞춰져 있다. 따라서 거시적인 경기침체로 물가가 올라가는 스태그플레이션과는 다르다.

　최근 우리나라 경제도 체감물가 상승, 주택가격 하락, 임시직 증가, 세금 증대 등으로 중산층의 소비가 위축되는 현상이 나타나기 시작하면서 스크루플레이션의 징후가 보이기 시작했다. 20세기를 거쳐 21세기까지 경기가 좋아지기 위한 조건 중 하나는 중산층의 활발한 소비다. 이들의 지갑이 열리지 않는 이상, 결국 경기 지표가 좋아졌다고 하더라도 정부나 학계의 예상을 밑돌게 되거나, 최악의 경우 경기 지표가 다시 나빠지는 결과도 발생할 수 있다. 이처럼 스크루플레이션은 스태그플레이션보다 해결하기 어렵다. 물가상승을 막으면서 중산층의 가처분 소득을 높여야 하는데, 물가를 잡기 위한 정책을 어설프게 실시하다가는 부동산이나 금융자산 가격의 하락으로 이어져서 가처분 소득이 더 낮아질 수 있기 때문이다.

윈-윈 전략을
찾는 법

내쉬 균형

살인사건의 용의자로 체포된 A와 B. 두 사람의 범죄 유무를 심문하는 검사는 A와 B에게 각각 이런 제안을 한다. "두 사람 모두 자백을 할 경우 징역 3년을 선고하고, 한 사람만 자백하면 자백한 사람에게 3개월, 부인하는 다른 사람에게는 무기징역을 선고하겠다. 두 사람 모두 부인하면 다른 죄로 징역 1년을 선고하겠다." 검사의 제안을 받은 A와 B는 고민하기 시작한다. 자백을 할 것인가, 아니면 부인할 것인가?

2001년 개봉한 〈뷰티풀 마인드〉는 스무 살 때 27페이지 분량의 '균형 이론' 논문으로 1994년 노벨경제학상을 받은 세계적인 수학자이자 경제학자 존 내쉬John Nash의 실화를 바탕으로 만든 영화다. 그가 발견한 '내쉬 균형 이론'은 경제경영 분야는 물론 정치, 과학,

PRISONER'S DILEMMA

공학 등 전 분야에서 활발하게 활용되고 있다. 국가 간 갈등 상황의 해결, 교통 예측 시스템 등 내쉬 균형의 개념을 보다 고차원적으로 응용해 더 복잡한 상황의 전개를 예측하는 데 사용되고 있다.

앞서 언급한 '죄수의 딜레마'는 내쉬 균형이론에서 가장 많이 사용되는 예다. 용의자 A와 B에게 최상의 시나리오는 서로 죄를 부인해 징역 1년을 선고받는 것이다. 하지만 상대가 과연 무기징역을 감수하고 죄를 부인할 것인지 예측할 수 없는 상황이라면 딜레마에 빠지게 된다.

이렇게 한 주체가 다른 주체의 행위를 예측하고 여기에 최선의 대응을 하면서, 다른 주체도 나의 행위를 예측하고 거기에 최선의 대응을 하는 것. 더 나아가 나의 예측이 실제 상대방의 행위와 일치하고 상대방의 예측이 나의 실제 행위와 일치하게 되는 것이 바로

'내쉬 균형'이다. 내쉬 균형이 이루어지면 각 주체는 상대방이 행위를 바꾸지 않는 한 나의 행위를 바꿀 이유가 없기 때문에 모든 주체들이 현재 행위를 지속하게 된다.

내쉬 균형은 죄수의 딜레마 상황에만 적용되는 것이 아니다. 한 기업이 시장에 제품을 출시할 때, 제품의 콘셉트와 홍보 포인트를 기존 시장의 제품과 비슷하게 가져가 치킨 게임chicken game*을 할 것인지, 아니면 제품 차별화를 통해 시장을 평화롭게 나누어 가질 것인지 고민한다. 이러한 상황에서 많은 기업들은 내쉬 균형을 찾아 차별화를 통한 공존 전략을 선택한다. 이처럼 내쉬 균형은 어떤 상황에서 얼마만큼의 이익이 각 주체에게 배분되느냐, 이 분포에 따라 다양하게 도출되고 있다.

---

* 극단적인 경쟁으로 치닫는 상황을 표현하는 단어. 1950년대 미국 젊은이들 사이에서 유행하던 자동차 게임의 이름으로, 한밤중 도로 양쪽에서 두 운전자가 자신의 차를 몰고 정면으로 돌진하다가 충돌 직전에 핸들을 꺾는 사람이 지는 경기이다. 핸들을 꺾은 사람은 겁쟁이(치킨)으로 몰려 명예롭지 못한 사람으로 취급 받는다. 어느 한쪽도 핸들을 꺾지 않을 경우 게임에서는 둘 다 승자가 되지만, 결국 충돌함으로써 양쪽 모두 자멸하게 된다.

신상품 가격,
높게 혹은 낮게?

정상재, 열등재, 기펜재

〈스타워즈〉에 관한 다양한 제품을 모으는 취미를 가진 B. 직장에서 인센티브를 받으면 갖고 싶었던 새 피규어를 주문할 예정이다.

직장인 C 과장은 월급날이면 가족과 함께 치킨을 시켜 먹었다. 하지만 차장으로 승진한 뒤에는 치킨 대신 집 근처 식당에서 불고기를 먹는다.

소득 변화는 수요 변화를 일으키는 가장 중요한 요인이다. 인센티브를 받은 B는 그동안 살 수 없었던 피규어를 구매할 수 있게 되었고, 승진으로 월급이 오른 C는 가족과 함께 외식을 할 수 있게 되었다.

소득이 늘었을 때 소비가 늘어나는 재화, 다시 말하면 소득과 소비의 변화율이 비례하는 항목을 정상재normal goods라고 한다. 만약 B와 C의 소득이 낮아지면 피규어와 불고기의 수요도 줄어들게 될 것이다. 실질소득에 따라 수요가 변하는 B의 피규어와 C의 불고기는 정상재의 대표적인 예다.

반면 과장일 때 C의 월급날에 가족과 함께 먹었던 치킨은 소득이 늘어나면 수요가 줄어드는 열등재inferior goods다. 열등재는 정상재와는 반대로 소득과 소비의 변화율이 반비례하는 재화다. 소득이 늘면 자가용을 구입해 잘 타지 않게 되는 대중교통은 대표적인 열등재다.

정상재와 열등재는 모두 상대적인 개념이다. C의 경우 치킨이 열등재였지만, 치킨과 라면을 비교하면 소득이 늘어날수록 라면을 먹는 횟수보다는 치킨을 먹는 횟수가 더 늘어날 것이라고 예상할 수 있다. 치킨이 항상 열등재 혹은 항상 정상재라고 한정하기보다는 '불고기에 비해 열등재', '라면에 비해 정상재'라는 상대적인 개념으로 이해해야 한다.

소비자들은 속성이 비슷하다면 언제나 가격이 저렴한 재화를 소비하는 경향이 있다.* 하지만 열등재에는 기펜재Giffen's goods라는 특수한 경우가 있다. 일반적인 열등재와는 반대로 가격이 하락하면 수요가 오히려 감소하는 재화다. 19세기 아일랜드에서는 감자 가

---

* 재화 D의 가격이 떨어지면 E를 사용하던 소비자들은 더 좋은 재화 D를 구매한다. 이 상황에서 발생하는 수요의 변화량이 대체효과다. 소비자의 입장에서는 D의 가격이 떨어지면서 실질소득이 증가하게 되는데 이것을 소득효과라고 한다.

격이 하락해 감자를 더 많이 구매하게 되었지만 오히려 감자 소비
가 줄어들었다. 감자에 신물이 나서 그동안 주식이었던 감자를 대
신해 고기를 소비했기 때문이다.

　정상재, 열등재, 기펜재는 해당 재화들의 가격이 변화했을 때, 상
품의 수요가 어떻게 변화할지 예측을 가능하게 만드는 개념이다.
따라서 어느 기업이 상품을 출시해 가격을 책정하기 전에 그 재화
가 과연 정상재, 열등재, 기펜재 중 어떤 항목에 속하는지 먼저 알
아야 할 필요가 있다.

NORMAL GOODS?

INFERIOR GOODS?

현재 전 세계 중앙은행의
가장 큰 고민은?

디스인플레이션

물가가 하락한다는 뜻을 가진 디플레이션과 다르게 디스인플레이션disinflation은 물가가 아닌 물가상승률이 하락하는 것을 뜻한다. 다시 말하면, 인플레이션 상태에서 물가상승률이 줄어드는 현상을 말한다. 예를 들어 2014년 3퍼센트, 2015년 2.5퍼센트를 기록한 물가상승률이 2016년 2퍼센트로 줄어드는 경우, 매년 물가상승률이 0보다 크기 때문에 상품과 서비스의 가격 수준은 지속적으로 상승하고 있지만 가격 상승률은 3퍼센트에서 2.5퍼센트 그리고 2퍼센트로 줄어든다. 바로 이러한 현상이 디스인플레이션이다.

일반적으로 디스인플레이션은 과열된 인플레이션을 막기 위해 통화량 증가를 억제하는 긴축정책을 사용할 때 발생한다. 이때 긴축정책은 올라간 물가를 원래의 수준으로 낮추려는 것이 아닌, 현재의 수준으로 유지하는 것을 목표로 한다. 물가를 현재보다 낮추게 되면, 생산 수준이 저하되어 실업이 증가할 수 있기 때문이다.

디스인플레이션 상태가 계속 이어지면 물가는 안정될 수 있지만, 경제 전체로 봤을 때 꼭 좋은 것만은 아니다. 디스인플레이션이 경기 침체를 가져오는 디플레이션의 전조로 읽히기 때문이다. 일본은 디플레이션에 빠지기 전에 디스인플레이션을 경험한 바 있다. 지난 1992년 1.7퍼센트였던 일본의 소비자 물가상승률은 1995년 처음으로 마이너스를 기록했고, 1997년 1.9퍼센트로 반짝 상승했으나 1999년부터 다시 물가상승률이 마이너스를 기록하며 장기 불황에 빠진 적이 있다.

《블룸버그》가 2016년 6월 발표한 자료에 따르면, 전 세계의 경제성장률이 2009년 경제위기 이후 제일 낮은 2.9퍼센트에 그칠 전망이라고 한다. 중국을 비롯한 신흥국의 경제 부진이 지속되는 가운데 미국과 유럽, 일본의 성장세도 약화되고 있기 때문이다. 특히 한국과 중국 등 신흥국가에서는 성장이 둔화되며 장기간 지속되는 저물가 현상이 성장세를 더 낮추고 있다는 분석이다. 디스인플레이션을 극복하기 위해서는 가계는 소비를 늘리고, 기업 및 경제 주체는 활발한 산업 투자 및 생산 활동을 해야 한다. 하지만 중국이나 한국의 경우는 미국이나 유럽 같은 선진국에 비해 디스인플레이션을 회복할 경제적 체력을 가지고 있지 않다는 점에서 디스인플레이션이 한동안 계속 이어질 것이라고 전망하고 있다.

디스인플레이션 현상이 지속됨에 따라 각 나라의 중앙은행은 양적완화를 추진하며 경제에 활력을 불어넣으려 하고 있다. 그러나 양적완화로 시중에 풀린 자금이 인플레이션으로 이어지지 않고 금융자산으로만 몰리고 있다는 점이 전 세계 중앙은행의 고민이다. 주요 물가의 상승세가 크게 둔화되고 있음에도 주가만 오르는 것은 거품을 일으킬 가능성이 높기 때문이다. 주가를 볼 때 물가상승률을 함께 주목해야 하는 이유다.

독일 중소기업이 주는 교훈

미텔슈탄트

2011년 스페인, 포르투갈, 아일랜드, 그리스 등 유럽연합 회원국이 유럽연합에 구제금융을 신청하면서 전 유럽이 부채 위기에 놓이게 되었다. 하지만 독일을 중심으로 한 유로존 경제가 버팀목이 되었고, 이들 국가들은 어려운 상황을 벗어날 수 있었다. 2015년 그리스가 유럽연합의 구제금융안을 거부하며 유럽연합을 탈퇴하겠다는 그렉시트Grexit를 내세웠을 때에도 그 가운데에 선 것은 독일의 앙겔라 메르켈 총리였다. 2016년 6월 영국이 유럽연합 탈퇴(브렉시트)를 선언했지만, 여전히 유럽연합의 영향력을 유지할 수 있도록 남은 회원국을 이끌며 앞장서는 것도 독일이다.

유럽연합 속에서 독일이 자신감을 보일 수 있는 것은 단연 독일이 유럽 최대의 경제규모를 자랑하고 있기 때문이다. 그리고 그 속에는 독일의 중소기업, 즉 '미텔슈탄트Mittelstand'가 굳건하게 자리하

현재 독일에는 약 **400만 개**의
미텔슈탄트가 존재

고 있다.

　미텔슈탄트는 종업원 500명 이하, 매출액 5000만 유로(약 720억 원) 미만의 규모를 가진 기업을 의미한다. 현재 독일에는 약 400만 개의 미텔슈탄트가 존재하며, 이들이 창출하는 부가가치는 독일 GDP의 50퍼센트 정도다. 또한 전 세계 2734개의 히든 챔피언* 중 절반인 1307개 기업이 미텔슈탄트다. 이처럼 미텔슈탄트는 독일이 제조업 강국으로 자리매김하는 데 가장 중심적 역할을 하고 있다.

　미텔슈탄트가 강한 이유는 역시 기술력이다. 미텔슈탄트는 장인(마이스터)들을 앞세워 고품질의 제품을 생산하고, 고가격 정책을 유지하면서 얻은 높은 영업이익을 다시 기술 개발R&D에 투자해 품질을 높이는 데 주력한다. 점화장치 등 자동차 핵심부품의 강자 보쉬, 플라스틱 고정용 나사 등으로 새로운 시장을 개척한 피셔 등이

---

*　세계시장 점유율 1~3위, 수출 위주 연매출 30억 유로(4조 3000억 원) 이내이면서 일반인에게는 많이 알려지지 않은 기업을 뜻한다.

독일 **GDP의 50퍼센트를 차지**

전 세계 2734개의 '히든 챔피언' 기업 중 절반(1307개)

경쟁사를 압도하는 독점적 기술력을 바탕으로 세계시장을 점령하게 된 이유다.

독일의 미텔슈탄트는 미국에서도 재조명되고 있다. 글로벌 금융위기 이후 독일의 빠른 회복세가 미텔슈탄트의 경쟁력 때문으로 분석되고 있어서다. '중소기업이 일자리를 만든다'는 슬로건 아래 현재 미국은 '중기업 재발견' 분위기다. 미국에서 연 매출 1000만~10억 달러의 중기업은 약 19만 7000개다. 고용인원만 4000만 명이 넘는다. 미텔슈탄트가 독일 경제의 '히든 챔피언'이라면 미국 중기업은 '소리 없는 영웅-unsung hero'으로 불린다.

최근 국내 경제는, 연일 경제지표가 나빠지고 중산층이 줄어드는 경기침체를 겪고 있다. 중산층을 탄탄하게 만들고, 지역별로 클러스터를 형성해 지역의 균형 발전을 가져온 미텔슈탄트의 사례는 국내 중소기업의 발전을 통한 경제활성화에 대한 여러 시사점을 주고 있다.

LEADERSHIP

주변의 '아는 사이'를
잘 관리해야 하는 이유

약한 유대관계

    뉴욕에서 열리는 학회에 참석한 A. 꽉 채워진 학회 일정 속에서 운좋게 자유시간이 생겨 뉴욕 시내를 구경하고 싶은데, 막상 어디를 가야 할지 모르겠다. 친구들에게 물어봐도 소용이 없자, 트위터에 질문을 올렸다. A는 자신의 질문을 본 팔로워들의 도움을 받아 짧은 시간 안에 뉴욕의 명소를 여러 곳 둘러볼 수 있었다.

    인간관계를 중요하게 생각하는 이유는 돈독한 관계가 어떤 모양으로든 도움이 될 수 있다고 여기기 때문이다. 그래서 밀접한 관계, 즉 '강한 유대관계'에 있을 때 협력과 시너지가 발생한다고 생각하기 쉽다. 그런데 과연 친밀한 관계만이 나에게 도움을 주는 것일까?

    미국의 사회학자 마크 그라노베터Mark Granovetter 교수는 소위 지나가면서 인사만 하는 관계, 즉 '약한 유대관계'의 중요성을 알아

보기 위해 보스턴 시 근교에서 새로운 일자리를 얻은 사람들을 대상으로 설문조사를 했다. 그들이 일자리를 찾을 수 있게 해준 사람과 그 사람과의 평소 접촉 수를 조사한 결과, 직업을 소개해준 사람 중 55.6퍼센트가 1년에 한 번 정도 만나는 관계였고 1년에 한 번 혹은 한 번도 안 만나는 관계는 27.8퍼센트였다. 반면 매주 두 번 이상 만나는 친밀한 관계는 전체의 16.7퍼센트에 불과했다. 이 결과는 우리가 무심코 지나친 인연들이 생각보다 중요한 역할을 한다는 것을 시사한다.

최근 인터넷의 발달로 SNS 사용이 폭발적으로 증가하면서 약한 유대관계를 맺을 기회들 역시 늘어나고 있다. 앞에서 언급한 트위터를 이용해 도움을 얻은 A처럼 약한 유대관계를 통해서도 새로운 정보를 쉽게 얻을 수 있다.

기업의 입장에서도 약한 유대관계를 이용해 보다 창의적인 전략을 세울 수 있다. 일반적으로 기업은 개선점과 혁신 방안을 찾기 위해 동종업계 혹은 비슷한 유형의 기업을 대상으로 벤치마킹을 한다. 하지만 비슷한 벤치마킹이 반복될 경우, 나중에 얻을 성과가 제한적일 수밖에 없다. 동종업계나 연관성이 높은 기업의 경우는 굳이 벤치마킹을 따로 하지 않아도 이미 알고 있는 정보가 많고, 그렇게 얻은 새로운 정보를 적용해도 해당 기업 이상의 결과를 얻기는 어렵기 때문이다. 이러한 이유로 후발 기업일 경우, 앞선 기업보다 더 나은 성과를 얻기 위해서 다른 업종의 사례를 벤치마킹할 필요가 있다.

    패스트패션의 선두 기업인 유니클로가 의류업계의 강자로 부상
한 것은, 의류업계의 고유 영역인 디자인이나 소재에 집중하기보
다 자동차 업체인 도요타의 납기 단축 아이디어와 기법을 벤치마
킹하는 등 독창적인 아이디어를 창출하기 위한 노력이 있었기 때
문이었다. 새로운 아이디어를 창출하기 위해서는 다양한 정보를
접하는 것이 중요하다. 강한 유대관계 내에서는 네트워크 안에서
얻을 수 있는 정보의 다양성이 부족해진다. 반면 폭넓은 네트워크
를 형성하는 데 유리한 약한 유대관계는 새로운 정보를 얻기 용이
할 뿐 아니라, 정보의 전달 효율도 높아 네크워크를 타고 보다 멀리
전파될 수도 있다. 주변의 아는 사이를 다시 돌아봐야 하는 이유다.

구글, 애플이
특허소송을 벌이는 이유

틀 효과

이번 분기 흑자를 기록한 A기업은 보고서에서 당기순이익이 935억 4000만 원이라고 구체적인 금액을 밝혔다. 반면 실적이 예상보다 나빴던 B기업은 공시자료에서 이익이 소폭 감소할 것이라고만 밝혔다. 두 기업이 상반된 방식으로 공시자료를 작성한 이유는 무엇일까?

의사전달을 어떤 틀 안에서 하느냐에 따라 전달 받은 사람의 태도나 행동은 달라진다. 환자에게 수술 성공률이 85퍼센트라고 말하는 의사가 수술 실패율이 15퍼센트라고 말하는 의사에 비해 환자의 수술 동의율이 높다. 이처럼 같은 결과임에도 의사전달 방식에 따라 행동이 달라지는 현상을 틀 효과framing effect*라고 한다.

---

* 행동경제학자 다니엘 카너먼과 아모스 트버스키가 1981년 발표한 공동 논문 〈결정의 프레이밍과 선택의 심리(The Framing of Decisions and the Psychology of Choice)〉에서 유래했다.

　일반적으로 사람들은 특정 사실을 숫자로 보게 되면 긍정적 사실은 더욱 긍정적으로, 부정적 사실은 더욱 부정적으로 인식하게 된다. 앞서 A기업은 성과를 보다 긍정적으로 보이기 위해 구체적으로 공시했던 것이다. 반대로 B기업은 부정적 결과를 최소화하기 위해 두루뭉술하게 공시한 것이다. 이는 숫자를 이용한 틀 효과다.

　틀 효과의 오류는 일상생활에서도 발견할 수 있다. 일반적으로 온라인 쇼핑을 할 때 가격을 가장 먼저 고려할 것이라고 생각하지만, 실제로는 적립금이나 마일리지가 주요 선택 기준이 된다는 조사 결과가 있다. 소비자들은 가격 차이보다는 마일리지 적립 등으로 얻은 이득이 더 크다고 느끼는 경향이 있기 때문이다. 이는 구매 금액이 같아도 정보의 배열이나 구조에 의해서 구매 여부가 결정되는 전형적인 틀 효과의 현상이다. 이러한 소비자 심리를 파악해 온라인 쇼핑몰은 적립금이나 마일리지 혜택을 높여 이벤트 효과를 상승시키고, 대신 1인 평균 구매 금액을 극대화해 적립금이나 마일리지 혜택으로 인한 손실 수익을 보전하는 전략을 취한다.

경영 환경에서도 틀 효과는 다양하게 활용되고 있다. 명품을 만들고 판매하는 기업들은 초 고가의 한정판 상품을 내놓아 고가 제품이 당연하다는 것을 소비자에게 인식시키고 높은 가격에 대한 거부감을 없애는 전략을 주로 사용한다. 또한 IT산업에서 빈번하게 일어나는 특허소송은 자신이 혁신자이고 경쟁사가 모방자라는 점을 소비자에게 주지시키고자 하는 틀 효과의 목적도 있다.

기업이 갖춰야 할
경쟁력 요소는 무엇인가

경쟁우선순위 4요소

경쟁우선순위는 현재 및 미래의 내부 고객과 외부 고객을 만족시키기 위해 기업이 갖춰야 할 경쟁력을 의미한다. 경영학에서 말하는 경쟁우선순위에는 네 가지 요소가 있다. 원가cost, 품질quality, 유연성flexibility, 시간time이다.

원가는 고객이 원하는 제품과 서비스를 획득하기 위해 지불하는 화폐가치인 가격과 관련되어 있다. 제품이 단순하고, 부가가치가 낮고, 표준화가 높은 제품일수록 원가나 가격의 중요성이 커진다. 이때 낭비 요소를 제거해 비용을 최소화하고 생산성을 향상시키면 규모의 경제economics of scale*가 발생해 원가경쟁우위를 달성할 수 있다.

---

* 생산 규모에 따라 단위당 원가가 낮아지는 현상을 말한다. 규모의 경제가 발생하면, 제품이나 서비스의 산출량이 증가해 제품 또는 서비스의 단위당 평균 원가를 낮출 수 있다.

품질은 과거에 비해 그 중요성이 늘어난 요소다. 과거에는 생산자가 불량률을 낮추는 등 소극적으로 품질을 관리했다면, 현재는 소비자의 관점에서 고객을 만족시키는 척도가 되었다. 제품이나 서비스가 고객이 사전에 기대한 것과 동일하게 제공되느냐를 의미하는 일관성과 해당 제품이나 서비스가 우수한지를 나타내는 성능이 품질을 판정하는 주요 기준이 된다.

유연성은 소비자에게 다양한 제품과 서비스를 제공하는 능력을 의미한다. 급격한 수요변화와 소비자의 구매 패턴 변화에 즉각적으로 대응하고 생산량을 신속하게 조절함으로써 경쟁우위를 달성할 수 있다.

시간은 제품 혹은 서비스를 경쟁자보다 신속하게 제공할 수 있는지를 의미한다. 제조업체보다 서비스업체에 더욱 중요하게 고려되는 요소다. 어떤 요소를 경쟁우선순위로 하느냐에 따라서 해당 기업의 경쟁력 구도가 바뀔 수 있다.

장식, 중간유통마진, 서비스 등 원가우위를 점하기 위해 낭비요소를 최대한 제거한 이케아는 원가를 경쟁우선순위로 삼고 있는 대표적인 기업이다. 이 밖에도 원가를 낮춰 소비자를 유혹하는 사례로는 패스트푸드, 저가항공사, 대형마트의 최저가 표시를 들 수 있다. 패스트푸드가 저렴한 가격을 경쟁우선순위로 삼는다면 고급 레스토랑의 경우는 품질을 우선순위로 삼는다.

스페인 의류브랜드 자라는 유연성을 높여 우위를 점한 대표적인 기업이다. 같은 디자인을 반복하지 않으며 빠른 회전을 가능하게 했다. 패션계에서 가장 필요한 소비자에 대한 유연성을 높이며 다양한 상품 구색을 갖추게 된 것이다. 페덱스와 같은 물류업체는 시간을 경쟁우선순위로 삼는다. 국내 인터넷 서점의 당일배송 서비스도 시간을 경쟁우선순위로 놓으며 시작한 서비스다.

　네 가지의 경쟁우선순위 요소 중에서 반드시 하나만을 고집할 필요는 없다. 네 가지 요소의 상관관계를 잘 고려한다면 두 가지 이상의 요소에서도 더 높은 경쟁력을 지닐 수 있다.

경제 환경의 변화에 어떻게 대처할 것인가

4가지 경영 전략 유형

　기업 활동에서 전략은 다른 어떤 것보다 중요하다. 많은 경영 학자들이 전략에 대해 연구하고, 전략의 유형을 구분하려고 노력 하는 이유다. 전략의 유형에 대한 이론 중 가장 대표적인 이론은 1978년 미국 버클리 대학교의 레이몬드 마일스Raymond E. Miles 교수 와 찰스 스노우Charles C. Snow 교수가 소개한 전략 유형이다. 이들이 소개한 전략 유형은 공격형prospector, 방어형defender, 분석형analyzer, 반 응형reactor 등 네 가지이다.

　공격형은 신제품을 개발하고, 공격적인 마케팅을 벌여서 새로운 시장을 적극적으로 개척하는 유형이다. 벤처캐피털로부터 적극적 으로 투자를 유치해서 신제품을 개발하고, 새로운 시장에 뛰어드 는 경향을 보인다. 실패할 위험도 크다. 공격형 전략을 취하는 기업 은 시장에 다른 경쟁자들보다 먼저 진입함으로써 얻어지는 이익first mover advantage에 관심이 많다. 방어형은 신제품 개발에 보수적이고, 안정적인 시장 위치를 유지하려는 전략 유형이다. 이를 위해 가격이나 품질에 대한 경쟁을 즐긴다.

분석형은 공격형과 방어형의 중간 형태다. 안정적인 시장 위치를 유지하려고 하는 동시에 다른 한편으로는 신제품 개발을 통해 새로운 시장 위치를 추구한다. 반응형은 네 가지 전략 가운데 가장 효율성이 떨어진다. 외부 환경 변화에 의해 강요받을 때에만 반응하는 유형이기 때문이다.

기업을 둘러싼 환경 변화가 갈수록 심해지고 있다. 급변하는 환경에 적응하기 위해 기업들은 자신에 맞는 전략 유형이 무엇인지 파악하고, 그 전략을 실행하기 위한 철저한 준비가 필요하다.

의료계는 급격한 환경 변화에 적응하기 위해 다양한 전략을 도모하고 있는 곳 중 하나다. 2012년에 발간된 국내 병원의 전략 변화에 관한 연구 보고서[*]에 따르면 2000년대 후반에는 병원의 41퍼센트가 방어형 전략이고, 28퍼센트만이 공격형 전략을 취했다. 하지만 조사가 이뤄진 2012년에는 방어형이 31퍼센트로 감소한 반면, 공격형이 69퍼센트까지 증가했다고 한다. 이 조사 결과는 의료 환경이 급격하게 변화하는 상황에서 많은 병원들이 전략 변화를 시도하고 있다는 점을 시사한다.

[*] 병원의 전략변화에 관한 연구, 송현경, 김순기, 《대한경영학회지》 25권 1호, 2012년 2월

LEADERSHIP 018

IT 리더들이 취하고 있는 전략은 무엇인가

코어링 전략, 티핑 전략

구글, 아마존, 애플, 페이스북. 미국을 대표하는 IT 회사들이다. '플 랫폼 시대의 리더'로 평가받는 회사들이기도 하다. 이들은 어떻게 해 서 플랫폼 시대의 리더가 될 수 있었을까? 바로 '코어링coring 전략'과 '티핑tipping 전략'을 잘 사용했기 때문이다. 그렇다면 코어링 전략과 티핑 전략이란 과연 무엇일까?

코어링 전략과 티핑 전략을 이해하기 위해서는 먼저 플랫폼 리더십에 대한 이해가 필요하다. 임페리얼 대학 애나벨 가우어 Annabelle Gawer 교수와 MIT 마이클 쿠수마노Michael Cusumano 교수는 공 동 논문을 통해 플랫폼 리더가 되고 싶은 기업이라면 네 가지 질문 을 던져, 해당 질문을 통해 접근 방법을 수립해야 한다고 말한다. 네 가지 질문은 다음과 같다.

- 플랫폼 혹은 제품 전략을 추구할 것인가?
- 플랫폼 리더가 되기 위해서 어떠한 과정을 따라야 하는가?
- 기존 플랫폼 리더를 따돌리기 위해서는 어떠한 전략을 취해야 하는가?
- 플랫폼 경쟁자로부터 내 포지션을 보호하기 위해서는 어떠한 전략을 취해야 하는가?

가우어와 쿠수마노 교수는 플랫폼 리더십을 해당 산업에서 혁신이 일어나도록 유도하는 역량이라고 규정한다. 플랫폼 리더가 리더십을 발휘해 그 플랫폼에 참여하는 기업들이 더 많은 혁신을 이뤄낸다면, 그로 인해 플랫폼 리더는 물론 다른 참가자들도 혜택을 볼 수 있다. 이를 위해 플랫폼 리더는 코어링 전략과 티핑 전략을 선택해야 한다.

코어링 전략은 그 기술이나 서비스가 해당 분야의 핵심core이 된다는 의미에서 나온 말로 새로운 플랫폼을 만들어 리더가 되는 전략이다. 코어링 전략의 핵심은 기업이 해당 분야에서 '극히 중요한 문제essential problem'를 해결한 기술이나 서비스를 제시해야 한다는 것이다. 검색 기술을 발전시켜 새로운 플랫폼을 만들어내며, '미로처럼 얽힌 수백만 개의 웹사이트에서 원하는 정보를 어떻게 찾을 수 있을까?'라는 '극히 중요한 문제'를 해결한 구글은 코어링 전략을 활용한 가장 대표적인 기업이다.

플랫폼 리더가 생태계 구성원들을 위한 경제적 인센티브를 제공

ESSENTIAL PROBLEM

코어링 전략의 핵심은 기업이 해당 분야에서
'극히 중요한 문제'를 해결한 기술이나 서비스를 제시해야 한다는 것이다.

해야 한다는 것 또한 코어링 전략의 요건이다. 구글은 이 조건 역시 충족한다. 인터넷 검색을 이용하는 사람들을 겨냥한 광고를 노출시키는 방식으로 수익모델을 만들어 경제적 인센티브 문제를 해결하고 있다.

티핑tipping 전략은 시장의 대세가 자신의 플랫폼 쪽으로 기울어지도록tip 만드는 것이다. 이를 위해 티핑 전략을 취하는 플랫폼 리더는 소속 플랫폼이 다른 플랫폼에 비해 독특하고 뛰어나며 쉽게 모방할 수 없고, 더 많은 이용자들이 선호할 수 있는 기술을 개발하면서 플랫폼 생태계 구성원들에게 더 많은 경제적 인센티브를 제공해야 한다.

최근 경영 환경은 IT뿐 아니라 여러 산업에서 플랫폼 경쟁이 치열하게 벌어지는 '플랫폼의 시대'다. 디지털 및 융합화를 통해 산업 간 경계가 허물어지면서 모든 영역에서 플랫폼 진입자로부터 자신의 핵심 역량을 어떻게 보호하느냐에 따라 기업의 생존이 갈린다. 새로운 플랫폼을 만들어 리더가 되는 코어링 전략이나 기존의 여러 플랫폼들 간 경쟁에서 승리하는 티핑 전략을 잘 활용하는 지혜가 필요하다.

기술 혁신이 성과로 이어지지 않는 이유

가치 획득 메카니즘

    다른 기업보다 스마트폰을 먼저 개발해놓고도 출시 타이밍을 놓친 노키아, 우수한 기술임에도 글로벌 스탠다드가 되지 못했던 우리나라의 코드분할다중접속CDMA 기술과 와이브로 기술 등은 기술 혁신을 통해 가치를 창출하고도 이를 수익으로 연결시키지 못한 대표적인 예다. 왜 이들은 뛰어난 기술을 만들어놓고도 수익으로 연결시키지 못했을까?

    미국 오하이오 대학교의 샤론 제임스Sharon D. James 교수, 마이클 레이블레인Michael J. Leiblein 교수, 샤오후아 루Shaohua Lu 교수는 혁신으로 창출한 가치를 기업성과로 연결시키는 내용에 대한 논문 186편을 집대성해 '가치 획득 메카니즘value capture mecahnism'을 도출해냈다.

    가치 획득 메카니즘은 기본적으로 특허, 비밀 유지, 리드 타임lead

time, 보완재 투자* 등 네 가지로 구성된다. 기업은 특정한 한 가지의 가치 획득 전략에만 의존하지 말고 네 가지 가치 획득 메커니즘을 복합적으로 활용해야 한다. 그래야 더 큰 효과를 기대할 수 있다.

이 네 가지 메커니즘을 잘 활용하기 위해서는 먼저 각 메커니즘의 효과를 극대화할 수 있는 최적의 상황을 생각해봐야 한다. 특허의 경우 보호 정도를 측정하는 지표**를 통해 관련 법규의 보호 강도를 고려해야 한다. 제약 산업의 경우 특히 민감할 수 있고, 중국, 인도, 브라질과 같은 신흥경제국가들의 경우 더 많이 신경 써야 한다.

비밀 유지의 경우 비밀 유지에 수반되는 비용을 고려해야 한다. 경영 프로세스 혁신과 같이 눈에 보이지 않는 혁신은 비용이 상대적으로 적게 들지만, 제품 혁신의 경우 제품 출시 1년 전 정도에는 결국 드러나게 되므로 너무 많은 비용을 쓰는 것이 비효율적이기 때문이다.

리드 타임의 경우 혁신이 암묵적 지식의 형태를 띠거나 제도적 보완이 잘되어 있을 때 가치로 이어질 확률이 높다. 보완재 투자의 경우 아웃소싱보다는 제조, 판매, 마케팅을 직접 수행해야 가치를 지킬 수 있다. 특히 급진적이고 시장 창출형 혁신의 경우 이러한 경향이 더 크다.

많은 기업들이 혁신의 성과를 수익으로 연결시키지 못하고 역사

---

* 혁신에 수반되는 제조, 마케팅, 판매, 서비스 등에 대한 투자를 의미한다.

** 대표적인 지표로는 Ginarte-Park Index, Global Competitiveness Index가 있다.

의 뒤안길로 퇴장하는 경우가 많다. 많은 사람들이 창출하기 원하는 창조경제의 핵심도 결국은 혁신의 결과를 가치 창출로 연결시키는 선순환 구조를 만드는 것이라고 할 수 있다. 혁신은 만들어내는 것만이 전부가 아니다.

또 다른 혁신을 위해
필요한 것은 무엇일까?

경계설정전략

스마트폰 주요 업체들은 매년 새로운 제품을 출시하고 있지만, 언제부터인지 새로운 스마트폰을 바라보는 소비자의 시선은 싸늘해지고 있다. 눈에 띄는 질적인 혁신이 보이지 않기 때문이다. 이러한 상황을 두고 '혁신의 덫innovation trap'에 빠졌다고 표현한다. 한 기업이 다음 단계로 성장하기 위한 혁신의 덫, 과연 어떻게 이를 벗어날 수 있을까?

미국 우드사이드 인스티튜트의 리사 발리칸가스Liisa Valikangas 교수와 이탈리아 보코니 대학의 마이클 지베르트Michael Gibbert 교수는 혁신의 덫을 퍼포먼스의 덫performance trap, 커미트먼트*의

---

* 일반적으로 자신이 어떤 행동을 취할 것인지 상대에게 확신시키지 못하여 효율적인 결과를 이끌어내지 못하는 것을 커미트먼트라고 한다.

덫commitment trap, 비즈니스 모델의 덫business model trap 등 세 가지로 구분했다.

퍼포먼스의 덫은 핵심 사업에서 뛰어난 성과를 올리는 기업들이 그런 성과에 취해, 장기적으로 볼 때 매우 중요한 기회를 놓치기 쉽다는 것을 의미한다. 선 마이크로시스템즈Sun Microsystems는 퍼포먼스의 덫을 피한 대표적 기업이다. 오픈 소스 기술open-source technology을 등한시하지 않았기에 리눅스에게 시장을 완전히 뺏기지 않을 수 있었다. 한편 퍼포먼스의 덫은 현재 성과가 나빠서 위기에 처한 기업들에서도 나타날 수 있다. 이런 기업들은 비용 절감 등 단기적인 처방에만 집중하면서 미래의 성장을 위한 기회를 놓치게 된다.

커미트먼트의 덫commitment trap은 경영진이 어떤 혁신을 추진하는 데 있어 너무 과도하게 신중하거나, 반대로 너무 신중하지 못하게 공격적인 태도를 보이는 것을 의미한다. 국가의 경제정책이 급격하게 실행되는 경우 그 부작용이 발생하며 혁신이 제대로 실현되지 못하는 상황이 발생하는 것은 커미트먼트의 덫에 걸린 예다.

비즈니스 모델의 덫business model trap은 근본적인 혁신을 계획하고서는 정작 기존의 방식으로 혁신을 이룰 때 생겨난다. 제대로 된 혁신을 이루지 못하고, 성과 역시도 기대할 수 없다. 비즈니스 모델의 덫은 그동안 성과가 좋았던 기업들에서 더욱 자주 발생한다. 이미 기존의 비즈니스 모델로도 좋은 수익을 올리고 있기 때문에 새로운 비즈니스 모델로의 변화가 그만큼 쉽지 않기 때문이다.

혁신의 덫을 극복하기 위한 방법으로는 '경계설정전략boundary-

NEXT

?

setting strategies'이 있다. 발리칸가스 교수와 지베르트 교수는 경계설정전략을 통해 기업들이 혁신 활동과 관련된 경계를 설정함으로써 혁신의 덫을 극복할 수 있다고 말한다.

2000년대 초반 매우 뛰어난 실적을 올리고 있던 미국의 특수 가스 공급 업체 에어 프로덕트Air Products는 퍼포먼스의 덫에 빠지지 않기 위해 새로운 성장 전략을 수립하면서 "기존 상품의 경쟁력에 기반해서 새로운 성장 전략을 수립한다"는 원칙을 자신들의 경계설정전략으로 삼았다. 이러한 경계설정전략으로 인해 이 업체는 무턱대고 새로운 기술과 새로운 분야에 뛰어들어 성장의 기회를 잡으려는 무모한 도전을 스스로 피하며 내실을 다질 수 있었다.

석유회사 쉘Shell은 커미트먼트의 덫을 벗어난 대표적 기업이다. 쉘은 '게임체인저Game Changer'라는 자체 프로그램을 만들어 핵심 사업과의 관련성을 기준으로 실행할 혁신 활동의 경계를 정했고, 이로 인해 커미트먼트의 덫을 벗어날 수 있었다.

독일 지멘스Siemens는 전 세계 100여 개 사업장의 R&D 시설들과 중앙 연구 부서를 결합시키려고 노력함으로써 비즈니스 모델에 대한 근시안적인 태도를 버리려 했고, 그 결과 혁신의 덫을 벗어날 수 있었다.

7가지 질문이 만들어내는 새로운 아이디어

스캠퍼

최근 우리 경제와 사회를 둘러싼 화두는 '혁신'과 '창조경제'다. 두 단어 모두 좀 더 새로운 것을 추구한다는 데 그 공통점이 있다. 새로움을 만들어내는 방안 마련이 중요한 이때, 창조성을 발휘하고 새로운 아이디어를 얻기 위한 방법으로 어떤 것이 있을까?

미국의 광고회사 BBDO의 CEO였던 알렉스 오스본Alex F. Osborne 은 브레인스토밍, 스캠퍼 등 새로운 아이디어를 만들어내는 방법을 널리 알린 사람이다. 브레인스토밍은 익히 알고 있듯이 사고의 제약 없이 다양한 아이디어를 마음껏 도출하게 하는 방식이다. 이와는 달리 스캠퍼는 사고의 영역을 일정하게 제시하면서 보다 구체화된 아이디어를 만들어내는 기법이다.

스캠퍼SCAMPER는 대체Substitute, 결합Combine, 적용Adapt, 수정Modify,

SUBSTITUTE

COMBINE

ADAPT

MODIFY

PUT TO OTHER USES

ELIMINATE

REVERSE

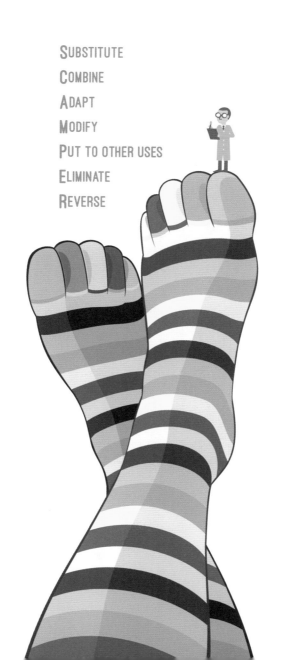

다른 용도Put to other uses, 제거Eliminate, 재배열Reverse, Rearrange이라는 일곱 가지 영문 단어의 앞 글자들을 모은 것이다. 스캠퍼 기법은 개선할 제품이나 문제를 확인하고, 거기에 스캠퍼 질문을 적용해 새로운 아이디어를 얻고, 마지막으로 최상의 아이디어를 결정하는 순서를 거친다.

전통적인 입력장치를 제거한 터치스크린(대체), 전화와 컴퓨터를 결합한 스마트폰(결합), 가시덩굴의 구조를 차용한 철조망(적용), 카메라 렌즈를 축소시킨 내시경(수정), 원래는 심장약으로 개발되었던 비아그라(다른 용도), 무선기술을 활용한 블루투스 기술이나 무선충전기(제거), 손에 끼는 장갑의 원리를 발에 적용한 발가락 양말(재배열)처럼 우리 주변에는 스캠퍼 기법을 적용한 사례가 많다.

이처럼 스캠퍼 기법은 단순하지만 체계적이어서 새로운 제품에 대한 아이디어를 만들어낼 뿐 아니라, 기업이 겪을 수 있는 다양한 문제들을 해결할 혁신적인 아이디어를 추출하는 데 매우 탁월하다. 어떻게 혁신을 이룰 것인가를 고민하는 이들이라면, 우선 주변의 것들에 스캠퍼 기법을 활용해 내 주변의 일상에 어떠한 변화가 가능할지 생각해보는 것도 좋겠다. 그것이 혁신의 시작일 수 있다.

LEADERSHIP
022

글로벌 기업이
기술을 개방하는 이유

개방형 혁신

매주 목요일은 샤오미의 운영체제와 어플리케이션이 업데이트 되는 날이다. 샤오미의 업데이트가 주목 받는 것은 미펀米粉이라 불리는 수백만 샤오미 팬들과 수천만 사용자들로부터 개선점과 아이디어를 듣고, 이를 제품에 반영하기 때문이다. 소비자를 혁신의 파트너로 대접하는 샤오미의 개방형 혁신은 기술의 급성장을 불러왔다는 평가를 받고 있다.

기업의 기술 혁신 방법에는 폐쇄형 혁신과 개방형 혁신이 있다. 폐쇄형 혁신은 회사 내부의 연구 개발 역량을 키우는 방법이다. 반면 개방형 혁신open innovation은 여러 기업이 각자 가진 자원을 공유하며 최고의 결과물을 만들어내는 데 집중하는 방법이다.

최근 기업 생태계가 복잡하게 성장하면서 개방형 혁신이 주목 받고 있다. 개방형 혁신은 2003년 미국 버클리대 교수 헨리 체스브로Henry Chesbrough가 처음 제시한 개념으로, 기업이 가진 내부 자원을 외부에 공개 혹은 공유하면서 혁신을 위해 필요한 기술과 아이디어를 기업 외부에서 가져오는 방법을 의미한다. 2016년 여름 전 세계에 열풍을 불러일으킨 '포켓몬 고Pokemon GO'도 구글의 지리정보 기술과 닌텐도의 캐릭터가 만나 시너지를 일으킨 개방형 혁신의 대표적 사례다.

이처럼 현재 글로벌 기업은 개방형 혁신을 활용해 혁신에 드는 비용을 줄이고, 성공 가능성을 높이려고 한다. 버클리대와 독일의 프라운하퍼연구소가 미국과 유럽의 2840개 기업을 조사한 결과, 응답 기업의 78퍼센트가 개방형 혁신을 추진하고 있다고 답했다. 특히, 부가가치가 높은 하이테크 분야에서는 개방형 혁신을 추진하는 곳이 91퍼센트에 달했다. 2016년 7월 현대자동차 역시 차세대 자동차 개발을 위해 '아이코닉 랩'이라는 개방형 혁신 기구를 신설했다.

체스브로 교수는 더 나아가 전 세계 산업 중 서비스 산업의 비중이 70퍼센트가 넘고 있기에 개방형 혁신을 서비스에 적용한 '개방형 서비스 혁신open service innovation'이 필요하다고 주장했다. 개방형 서비스 혁신은 자사의 서비스 경쟁력을 높이고, 서비스와 관련해서 새로운 비즈니스 기회를 더 많이 창출해낼 기회를 제공하고 있다.

GOOGLE + NINTENDO

어떻게 장기적 비전을 설정할 것인가

계단식 선택 전략

기업이 보다 나은 기업으로 성장하기 위해서는 조직원의 업무 목표를 하나로 묶을 수 있는 기업의 장기적인 비전 설정이 중요하다. 그런데 경영자가 비전을 설정할 때면 막상 이를 어떻게 시작해야 할지 막막할 때가 많다. 이때 유용하게 사용할 수 있는 방법이 바로 계단식 선택 전략이다.

계단식 선택cascading choices 전략은 기업이 전략을 짤 때 가장 간편하게 이용할 수 있는 방법 중 하나다. 회사의 비전과 목표, 사업 영역, 경쟁 방식, 핵심 역량, 경영 시스템 등을 한 번에 논리적으로 정의할 수 있다는 것이 계산식 선택 방법의 장점이다.

계단식 선택 전략을 잘 활용한 대표적인 예로 미국의 저가 항공사 사우스웨스트Southwest를 들 수 있다. 첫 번째 목표 설정 단계에서 사우스웨스트는 '고객과 직원 모두에게 즐거움을 주는 수익성 높은 항공사'를 목표로 했는데, 이는 '세계에서 가장 큰 항공사가 되자'란 목표를 가진 다른 회사와는 차별화된 전략이었다.

두 번째 사업 영역 단계에서 사우스웨스트는 장거리 노선을 많이 보유한 대형 경쟁사들과 차별화를 위해 미국 내 500마일 내외의 거리만 운항하기로 결정했다. 또 출장이 잦아 비행기 이용료가 부담이 되는 비즈니스맨과 저렴한 비용으로 국내를 여행하려는 여행객을 타깃으로 삼았다.

세 번째 경쟁 방식 단계에서 사우스웨스트는 자동차, 기차 등 육상 교통을 대안으로 고려하는 핵심 고객의 특성상 운임을 충분히 낮춰야만 했기 때문에 비용 절감을 위해 비행기를 한 기종으로 통일해 정비 효율성을 높이고, 지정좌석제와 기내식을 없앴다.

　네 번째 핵심 역량 단계에서 사우스웨스트는 고객의 욕구를 파악해 서비스를 지속적으로 개선하는 한편, 유머러스한 기내 서비스를 제공하는 전략을 취해 고객들로부터 매우 높은 평가를 받았다.

　마지막 경영 시스템 단계에서 사우스웨스트는 미국에서 가장 웃기는 경영자로 꼽히는 허브 켈러허Herb Kelleher 회장의 경영 철학을 바탕으로 직원들이 주인 의식을 가지고 신바람 나게 일하는 조직 문화를 유지하기 위해 노력을 기울이고 있다.

　이처럼 계산식 선택 전략은 상위 요소에서 하위 요소로 계단처럼 논리를 전개하는 것이 특징이다. 하지만 때로는 하위 요소가 상위 요소에 영향을 주기도 한다. 창업을 하거나 회사 또는 부서의 비전을 정할 때 어디서부터 출발해야 할지 막연한 경우가 있다. 그럴 때 이 계단식 선택 전략은 체계적인 비전 설정에 큰 도움을 줄 수 있다.

새로운 시장에 진출하기 위한 방법

역혁신

1960년대 플로리다 대학교의 미식축구팀은 뜨거운 햇볕 아래에서 운동해야 하는 선수들이 수분을 빠르게 흡수할 수 있는 방법에 대해 플로리다 대학교 연구소에 자문을 구했다. 다양한 사례를 수집해 연구를 진행하던 연구진은 우연히 영국의 의학저널 《란셋 The Lancet》에 실린 방글라데시의 이야기를 접한다. 당시 콜레라가 발병한 방글라데시에는 환자들이 극심한 설사로 고통을 받았는데, 이들의 수분 흡수를 돕기 위해 현지에서 물, 당분, 소금 등이 배합된 음료를 사용해 수분 섭취에 효과를 얻었다는 내용이었다. 방글라데시에서 처방한 음료에 영감을 받아 개발된 음료가 바로 게토레이다.

미국 다트머스 대학교 석좌교수 비제이 고빈다라잔 Vijay Govindarajan은 미래의 기회는 선진국 시장이 아니라 신흥국 시장에 있으며, 신흥국에서 이뤄진 혁신이 결국 선진국 시장으로 역류하게 된다는 '역혁신reverse innovation'을 주장했다. 이 역혁신 이론은 지금까지의 혁신에 관한 선진국 중심의 생각을 180도 바꿔놓았다. 앞서 언급한 방글라데시의 콜레라 치료에 영감을 받아 만들어진 음료 게토레이는 현재 전 세계에서 찾아볼 수 있다.

1990년대 미국의 농기계 시장은 디어&컴퍼니Deere & Company가 지배하고 있었다. 대규모 농장 사업에 적합한 대형 기계를 주력 사업으로 하는 이 회사는 1994년 인도의 마힌드라&마힌드라Mahindra&Mahindra가 미국에서 트랙터 사업을 시작하자 인도에 진출하려고 했다. 하지만 두 회사의 운명은 엇갈렸다. 마힌드라는 자사의 소형 트랙터를 미국인들이 편안하게 사용할 수 있도록 좌석과 브레이크 페달 크기를 키우는 식의 미국 시장에 맞게 수정을 가하는 등 철저한 준비로 미국 소형 농기계 시장을 공략했다. 그 결과 1999년부터 2006년까지 연평균 40퍼센트의 성장률을 기록했다. 미국 시장 공략을 위해 제품과 과정 모두를 혁신했던 마힌드라와 달리, 디어&컴퍼니는 미국에서 판매하는 제품과 똑같은 제품으로 인도 농기계 시장에 진출했고, 결국엔 실패했다.* 결국 마힌드라&마힌드라는 판매 수량을 기준으로 세계 1위 트랙터 업체가 됐다.

아시아 신흥국의 중간 소득층 인구는 2010년 9억 4000만 명에서 2020년에는 20억 명으로 계속 증가할 것이라는 전망이 있다.

---

* 이후 디어&컴퍼니는 인도 시장 진출 실패를 다각도로 분석해 창발적 전략으로 노선을 변경했다. 그 결과 성공적인 현지화의 반전을 이뤄냈다.

아시아 신흥국 소비자만 선진국 시장을 능가하는 규모로 성장하는 추세다. 글로벌 기업의 연고지 시장이 포화 상태에 이른 현재, 이러한 시장규모를 보면 신흥국 시장에서 먼저 혁신을 해서 글로벌화하는 역혁신은 이제 글로벌 기업의 당연한 추세일 뿐 아니라, 새로운 시장을 개척하려는 국내 기업들에게도 시사점을 준다.

역혁신을 성공하기 위해서는 성장이 기대되는 지역에 권한을 이전해 혁신 팀이 독자적인 전략·조직·제품 개발 권한을 갖게 하면서 회사 전체의 연구·개발 경영 자원을 활용할 수 있도록 하는 것이 중요하다.

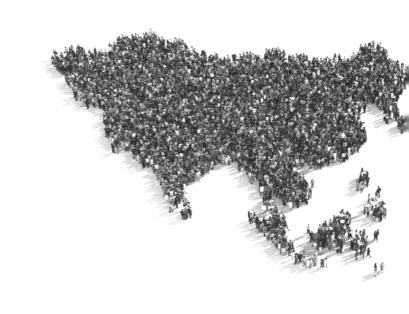

21세기 기업의 새로운 평가 기준

ESG

2015년 11월 《하버드 비즈니스 리뷰》는 '세계 100대 CEO' 조사 결과를 발표했다. 1위는 덴마크의 헬스케어기업 노보 노르디스크Novo Nordisk의 라르스 레빈 쇠렌센Lars Rebien Sørensen CEO가 차지했다. 지난해 1위였던 아마존의 제프 베조스Jeff Bezos는 다시 한 번 재무 분야 1위를 기록했지만 종합 순위는 87위에 그쳤다. 기업의 성과를 대표하는 재무 분야에서 라르스 레빈 쇠렌센은 6위였다. 이 리스트에서 두 CEO의 종합 순위가 바뀐 이유는 무엇일까?

지금까지 《하버드 비즈니스 리뷰》의 세계 100대 CEO 선정 기준은 주주환원율, 시가총액 등 해당 기업이 얼마나 뛰어난 성과를 얻었는가에 국한되었다. 하지만 2015년부터 새로운 기준이 반영되었다. 환경·사회·지배구조Environmental, social and governance, ESG 기준이 추가된 것이다. 이에 재무분야와 ESG 분야에서 모두 높은 점수를 얻은 라르스 레빈 쇠렌센이 1위를 차지하게 된 것이다. 《하버드 비즈니스 리뷰》가 ESG의 기준을 도입하게 되면서 기존의 기업 평가 분석에 ESG가 강화될 전망이다.[*]

최근 대부분의 글로벌 기업들이 갖는 고민은 '지속가능경영의 실행을 어떻게 하는가'다. '지속가능경영'은 단순히 탄소배출과 폐기물을 줄이고 각종 사회 환원 프로그램들을 실행하는 것만으로 충분하지 않기 때문이다.

ESG를 제대로 이해하고 실행하기 위해서는 재무적 성과와 ESG 성과 사이에 존재하는 상충관계를 정확히 이해해야 한다. 예를 들면 대체에너지를 사용하면 환경 성과는 좋아지지만 비용이 높아져 재무적 성과에 악영향을 주고, 임금을 높이고 복지 혜택을 늘리면 주주이익이 줄어든다. 3천여 개 이상의 기업을 조사한 결과, 재무적 성과와 ESG 성과가 함께 향상되기 위해서는 새로운 제품, 프로세스, 비즈니스 모델을 통한 주요한 혁신이 필요하다는 결과가 도출되었다.

노보 노르디스크는 1999년에 발표한 '세계인권선언'을 일상적 경영에서도 이행하고 있다. 채용·노동 조건·보수·승진·해고의 모든 과정에서 기회의 균등과 다양성을 강조한다. 이 밖에도 노보 노르디스크는 계약한 업체가 노동 시간과 임금 등을 제대로 지키

---

[*] '세계 100대 CEO' 리스트의 평가에는 재무성과 80퍼센트, ESG 요소 20퍼센트가 반영되었다. ESG 순위에서 라르스 레빈 쇠렌센은 11위, 제프 베조스는 828위였다.

ENVIRONMENTAL, SOCIAL AND GOVERNANCE

최근 대부분의 글로벌 기업들이 갖는 고민은 '지속가능경영의
실행을 어떻게 하는가'다. '지속가능경영'은 단순히
탄소배출과 폐기물을 줄이고 각종 사회 환원 프로그램들을
실행하는 것만으로 충분하지 않기 때문이다.

는지도 매해 설문지를 보내 조사한다. 또 사업이 진출한 나라의 인권과 건강권에도 관심을 쏟고 있다.

영국 소매업체 막스&스펜서Marks&Spencer는 플랜 에이Plan A라는 지속가능성 프로그램을 통해 탄소배출이나 임직원 건강증진 등 180개의 ESG를 평가해서, 이것이 각종 재무적 성과에 미치는 영향을 파악하고 ESG 투자의 우선순위를 결정하고 있다. 브라질 화장품 브랜드 나투라Natura는 2002년부터 재무적 성과 외에 환경·사회적 성과도 연간 보고서에 포함해 발표하면서 경영진의 ESG에 대한 관심도와 지속적인 노력을 기울이고 있다.

ESG 이슈는 반드시 해결해야 할 과제다. 여전히 많은 기업들에게는 EGS 이슈들은 추가 비용을 발생시키는 일종의 규제적 장애물로 인식되어 있다. 하지만 많은 기업들이 환경 변화에 발맞추며 재무적 성과와 ESG 성과를 모두 올릴 수 있는 방안을 모색하고 있다. 국내 기업들도 이에 뒤떨어지지 않는 혁신을 통해 글로벌 경쟁력을 한 차원 끌어올려야 할 것이다.

ORGANIZATION

업무 성과와
인센티브의 상관관계

인센티브의 함정

2015년 누구도 예상하지 못한 실적으로 높은 영업이익을 거두며 증권사의 간판으로 떠오른 애널리스트 A. 회사는 그에게 많은 인센티브로 실적을 보상하며 다음 해에도 큰 기대를 걸었다. 하지만 2016년 전반기 그의 실적은 지난해 같은 기간 대비 반으로 줄었다. 더 높은 성과를 얻어야겠다는 부담감에 무리한 투자시도를 많이 했기 때문이다.

애널리스트 A의 사례처럼 더 높은 업무 성과를 위해 인센티브를 제공했지만 오히려 기대에 못 미치는 경우가 생기곤 한다. 미국 듀크대학교 댄 애리얼리Dan Ariely 교수의 실험은 이러한 인센티브의 함정에 대해 시사점을 주고 있다.

인도에서 진행된 댄 애리얼리 교수의 실험은 다음과 같이 진행되었다. 실험자들을 세 그룹으로 나눠 간단한 테스트를 수행하게

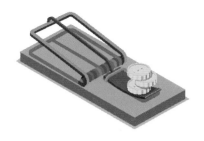

하고, 그 수행 결과에 따라 보너스를 제공하는 방식이었다. 첫 번째 그룹에는 인도의 하루 임금에 해당하는 액수의 보너스를 지급했고, 두 번째 그룹에는 인도의 2주치 임금에 해당하는 액수의 보너스를 지급했고, 세 번째 그룹에는 인도의 5개월치 임금에 해당하는 보너스를 지급했다.

실험 결과는 인센티브가 높을수록 성과가 높아질 것이라는 일반적인 생각과는 달랐다. 첫 번째, 두 번째 그룹은 최대 보너스의 40퍼센트 정도를 받은 반면, 세 번째 그룹은 최대 보너스의 20퍼센트 정도만을 받은 것이다. 댄 애리얼리 교수는 높은 인센티브가 부담감을 높여 성과에 부정적인 영향을 끼친다고 해석했다. 인센티브가 적정 수준까지는 성과향상에 도움이 되지만, 그 수준을 지나면 인센티브로 인한 스트레스 때문에 오히려 성과에 마이너스 요소로 작용할 수 있다는 것이다.

인센티브 제도는 현재 많은 기업들에서 다양한 방식으로 실시되고 있다. 인센티브가 동기부여가 되어 직원들의 생산성이 높아지는 경우도 많다. 하지만 댄 애리얼리 교수의 연구 결과와 같이 과도한 인센티브는 오히려 생산성을 낮추는 결과를 가져올 수 있다. 따라서 경영자는 인센티브 프로그램을 잘 운영해야 한다. 과도할 경우 직원들의 부담감을 높일 뿐 아니라 기업의 재무 성과에도 악영향을 미칠 수 있기 때문이다.

GE의 인재들이
회사를 떠나지 않는 이유는?

핵심인재관리

2015년 겨울 내야수 강정호, 2016년 겨울 홈런왕 박병호, 외야수 유한준, 에이스 벤 헤켄, 마무리투수 손승락 등 팀의 핵심 선수들이 연이어 다른 팀으로 이적한 넥센 히어로즈. 프로야구 2016년 시즌이 시작될 때 모두가 위기를 맞을 것이라 했던 넥센은 2016년 시즌 새로운 유망주들이 주축 선수들의 빈자리를 채우고, 3위를 기록해 모두를 놀라게 했다. 그 배경에는 넥센 히어로즈만의 특별한 인재관리 시스템, 핵심인재관리가 있었다.

핵심인재관리talent management는 조직에 독특한 가치를 제공하는 잠재력이 높은 인재들을 체계적으로 확보, 개발, 유지하기 위해 특별히 고안된 인적자원관리 방법을 말한다. 주로 조직 내의 인재를 일정한 기준에 따라 유형을 정의하고, 그 유형별로 차별적인 관리를 시행한다. 매년 들어오는 수많은 신인선수들을 일률적으로 육성하지 않고, 성공 가능성에 맞게 등급을 책정해 분류하고, 선수마다 동기부여가 될 만한 롤 모델을 선정해주는 넥센 히어로즈는 핵심인재관리를 효과적으로 프로 스포츠에 적용한 예다.

글로벌 기업 GE의 '세션 씨session c' 프로그램은 핵심인재관리의 대표적 모델이다. GE는 세션 씨를 통해 전 임직원의 능력 및 업적을 분석해, 이들의 급여 인상, 승진, 파견교육 여부, 주요 직책 승계 가능성 등을 결정한다. 모든 임직원들은 이 과정에서 A, B, C 등급으로 나뉘게 된다. A등급은 B등급에 비해 두 배 이상의 연봉과 스톡옵션, 승진 기회가 제공되고, 하위 10퍼센트인 C등급을 받은 사람은 재교육을 통한 구제, 혹은 회사에서 나가야 한다. 이 같은 핵심인재관리 덕분에 세션 씨에서 A등급을 받은 핵심 인재가 GE를 떠나는 비율은 1퍼센트 미만이다.

기업 간 경쟁이 국제적으로 심화되고, 시장이 급격히 변함에 따라 직무에 적합한 핵심인재 확보와 성장 그리고 인재 유출을 막는 것은 각 기업에게 더욱 중요해졌다. 이에 기업의 인사팀을 넘어 전사적인 차원에서 핵심인재를 지원하는 방안을 활성화하는 것이 해당 기업의 경쟁력을 높이는 데 큰 도움이 된다.

하지만 핵심인재를 관리할 때에는 구성원 간의 지나친 경쟁을 유발하지 않도록 적절한 보완이 있어야 한다. 등급제로 핵심인재관리를 하게 되면, 조직 구성원 중 대부분이 보통 인재에 속하게 될 경우가 생기기 때문이다. 문제는 조직에 대한 이들의 헌신과 노력이 없다면 회사가 성과를 달성할 수 없다는 것이다. 따라서 이들이 소외감을 느끼지 않고, 노력하면 자신도 핵심인재군群에 들어갈 수 있다는 자신감을 주는 정책도 함께 마련해야 한다.

최고의 선수들만 있다고 우승하지는 않는다

링겔만 효과

'갈락티코galáctico'는 은하수를 뜻하는 스페인어로 세계 최고의 축구 스타들로 팀을 구성하려는 스페인 명문 구단 레알 마드리드의 정책을 뜻하기도 한다. 레알 마드리드는 2000년대 초부터 지금까지 막대한 이적료를 지급하며 최고의 선수를 영입해 눈길을 끌었다. 하지만 뛰어난 선수들을 모아놓고도 한동안 우승을 하지 못해 조롱과 비난을 받기도 했다.

한때 레알 마드리드의 갈락티코는 고비용 저효율의 대명사였다.* 최고의 선수들을 데려왔음에도 우승하지 못했다. 유명 축구

---

* 레알 마드리드의 갈락티코 정책은 비록 우승은 하지 못했지만, 마케팅적으로 엄청난 성과를 거뒀다. 또한 16년 넘는 시행착오를 거친 끝에 경기력도 좋아지면서 2014년, 2016년에는 유럽 챔피언의 자리에 오르기도 했다.

SOCIAL LOAFING

뛰어난 개인이 집단에 소속되었을 때
그 효과가 반감되는 경우를 일컬어
사회적 태만이라고 한다.

선수들은 혼자일 때만 빛날 뿐, 안정적인 팀플레이가 전혀 되지 않은 모습을 종종 보이기도 했다. 이렇게 뛰어난 개인이 집단에 소속되었을 때 그 효과가 반감되는 경우를 일컬어 사회적 태만social loafing이라고 한다.

사회적 태만의 대표적인 예로 독일의 심리학자 막스 링겔만Max Ringelmann의 줄다리기 실험을 들 수 있다. 링겔만은 개인 또는 집단에게 줄다리기를 시켜 각 개인의 기여도를 측정했다. 먼저 개인에게 줄다리기를 시켜 당기는 힘을 측정한 후, 여러 명씩 그룹을 지어 다시 줄다리기를 시켜 당기는 힘을 측정했다. 그 결과, 그룹의 인원이 많아질수록 한 사람의 기여도가 떨어졌다. 그룹이 두 명이었을 때, 각 구성원들이 발휘한 힘은 한 명일 때의 약 93퍼센트에 그쳤고, 그룹이 세 명이었을 때는 85퍼센트, 그룹이 여덟 명이었을 때는 49퍼센트까지 개인의 기여도가 떨어졌다.

링겔만의 줄다리기 실험 결과처럼 어떤 조직에 인력이 충원되면 그 조직이 갖는 전체의 힘은 증가하지만, 각 개인이 부담하고자 하는 힘은 도리어 줄어드는 현상이 생긴다. 이러한 사회적 태만을 실험으로 증명한 링겔만의 이름을 따서, 사회적 태만을 링겔만 효과 Ringelmann effect라고도 부른다.

링겔만 효과는 개인의 공헌도를 객관적으로 측정하기 어려울 때, 책임이 여러 사람에게 분산되어 있을 때, 자율성이 확대되고 보장되었을 때, 집단의 크기가 비대해질 때 종종 나타난다. 링겔만 효과는 집단의 성과와 구성원의 사기를 저하시킨다. 또한 이러한 사회적 태만을 조직 내에 전염시키기도 한다. 따라서 링겔만 효과가 감지되었을 경우 빠른 시일 내에 이를 줄이려는 노력이 필요하다. 아마존 CEO 제프 베조스는 링겔만 효과를 없애기 위해 한 팀의 크기를 '피자 두 판으로 식사를 해결할 수 있는 크기two-pizza team rule'로 구성했다. 구체적인 업무분장과 함께 6명에서 10명 정도로 인원을 구성했고, 결과적으로 효율적인 조직 관리에 성공했다.

사회적 태만은 조직의 성과에 심각한 영향을 줄 수 있으므로 늘 유의해야 한다. 그렇다고 사회적 태만이 모든 상황에서 나타나는 것은 아니다. 몇몇 연구에 따르면 자신의 성공이 집단의 성공에 필수적이라고 믿는 경우, 집단 내에서 개인의 기여가 잘 드러나는 경우, 개인의 기여에 대해 보상이 이루어지는 경우, 의미 있다고 여겨지는 과업을 수행하는 경우, 집단 과업이 자신의 과업과 연관된 경우에는 사회적 태만이 잘 일어나지 않았다. 집단 구성원 간에 유대감이 큰 경우에도 마찬가지다. 아마존의 사례처럼 조직의 효율을 높이는 방안을 다양하게 마련한다면 얼마든지 이를 극복할 수 있다.

주는 사람이
성공한다

기브&테이크 이론

2011년 스물아홉 살의 나이로 와튼스쿨 최
연소 종신교수가 된 애덤 그랜트Adam Grant 교수는 다음의 세 가지
유형으로 사람을 분류했다.

기버giver : 받은 것보다 더 많이 주기를 좋아하는 사람
테이커taker : 준 것보다 더 많이 받기를 바라는 사람
매처matcher : 받은 만큼 되돌려주는 사람

무한 경쟁이 지배하는 현대사회에서 남에게 주기만 하는 사람은
소위 호구라고 불리며 자신의 이익을 제대로 챙기지 못한다고 생
각하기 쉽다. 하지만 애덤 그랜트 교수는 이 편견을 깨뜨리는 '기
브&테이크give and take 이론'을 발표한다.

애덤 그랜트 교수가 미국 노스캐롤라이나 주의 영업사원을 대상
으로 조사한 결과, 실적이 나쁜 영업사원들의 '기버 지수'는 실적이
평균인 영업사원들보다 25퍼센트 더 높았다. 또한 실적이 좋은 영
업사원들의 기버 지수도 마찬가지로 평균보다 높았다. 그런데 이
들 중 최고 영업사원은 기버 성향을 가진 사람이었고, 기버는 테이
커와 매처보다 50퍼센트나 높은 실적을 올렸다.

기업 역시 마찬가지였다. 해당 기업의 구성원들이 동료에게 뭔
가 도움을 주는 행위가 빈번하게 발생할수록 사업부의 수익성, 생
산성, 효율성, 고객 만족도 등이 모두 높아졌고, 비용과 이직률은
줄어들었다. 반면 이타적인 직원과 받기만 하는 이기적인 직원들

이 혼재되어 있을 때에는 제로섬 게임이 일어나 이타적인 직원들의 생산성은 매우 높아지거나 매우 낮아지는 양극화 현상이 벌어졌다. 이처럼 '기브&테이크 이론'은 조직 구성원들이 나눔의 관계를 유지할 때, 생산성을 저해하지 않으면서도 실적도 극대화할 수 있다는 새로운 시사점을 제시한다.

이타적인 조직 문화 자체는 바람직하지만, 성과를 극대화하기 위해서는 치밀하고 전략적인 운영도 필요하다. 모든 성공한 리더가 전부 기버는 아니다. 리더는 모든 사람에게 도움이 되기보다는 회사를 위해 다른 것을 우선순위로 두고 결정할 때도 많다. 이처럼 조직을 운영할 때에는 이타적인 행위를 보상을 통해 장려하면서도 생산성을 높일 수 있는 방법을 찾아야 한다. 이를 위한 방안으로 애덤 그랜트 교수는 '호혜의 고리 reciprocity ring'라는 프로그램을 제시한다. 호혜의 고리는 15명에서 30명으로 소그룹을 만들고, 한 사람이 어떤 부탁을 하면 나머지 사람들이 그 자리에서 해결책을 제시하는 방식으로 진행된다. IBM, 시티그룹, 에스티로더 등은 이 방법을 통해 조직 내에 혁신적인 아이디어 창출과 생산성을 높이고 있다.

조직 내에서 권력은
어떻게 작동하는가

권력의 경영학적 의미

　'권력욕', '권력을 남용했다' 등 일반적으로 권력이라는 말을 떠올리면 부정적인 느낌이 강하다. 하지만 경영학적으로 권력은 기업 조직에서 한 개인이나 집단이 다른 개인이나 집단에게 영향력을 행사해 목표를 수행할 때 필요한 과정이라는 의미를 갖는다. 어떤 측면에서 조명하느냐에 따라 권력은 여러 유형으로 나뉘는데, 일반적으로 경영학에서는 조직 내의 지위에 기반을 둔 '공적 권력'과 기업 내외의 수평 관계에서 나오는 '사적 권력'으로 나눈다.

　공적 권력의 종류는 강제적 권력, 보상적 권력, 합법적 권력, 정보 권력으로 분류된다. 만약 기업 내에서 A가 B를 처벌하거나 해고할 수 있는 위치라면 A는 B에 대한 강제적 권력을 지니고 있는 것이다. 보상적 권력은 이와 반대로 A가 B에 승진, 급여 인상 등 긍정적인 보상을 행사할 수 있는 경우를 말한다. 합법적 권력은 강제적 권력과 보상적 권력을 포함하는 것으로, 목표 달성을 위해 조직 내 자원을 공식적으로 통제하고 우선순위에 따라 배분할 수 있는 권한을 갖는다. 정보 권력은 기업 내의 소수만이 알고 있는 정보를 이용해서 권력을 활용하는 것을 뜻한다.

사적 권력은 전문가 권력, 준거적 권력, 카리스마적 권력으로 나뉜다. 전문가 권력은 다른 개인이나 조직보다 특정 분야에 대한 전문지식이 많은 데서 비롯된다.* 준거적 권력은 개인의 힘이나 능력이 다른 사람에게 영향을 주는 것을 말한다. C가 D를 좋아하고 일체감을 느껴 D를 닮고 싶어 한다면, D는 C에 준거적 권력을 지니고 있다고 할 수 있다. 일종의 롤 모델과 비슷한 개념이다. 카리스마적 권력은 공적 지위와 권력을 갖지는 않지만 본인의 자질을 발휘해 여러 사람들에게 영향을 미치는 것을 말한다. 주로 카리스마적 리더십을 지닌 사람에게서 볼 수 있는데, 준거적 권력의 하위개념이라고도 볼 수 있다.

경영학에서 보면 권력은 다른 사람들에게 영향력을 끼치는 원천이라고 할 수 있다. 이러한 권력이 한 방향으로만 흐른다면 해당 조직은 큰 문제가 일어나지 않는다. 하지만 양방향으로 흐를 경우는 조심해야 한다. 권력끼리 마찰이 일어나 파벌이 형성될 수도 있기 때문이다.

---

* 관점에 따라서는 공적 권력 중 정보 권력의 특정한 상황이라고 볼 수 있다.

전 직원의 생산성을
높이기 위해서는?

성과행동모형

IT 벤처 회사의 CEO A는 인센티브를 책정하기 위해 사내 직원들의 성과를 비교했다. 그런데 같은 일을 하는 데도 직원들의 실적이 천차만별이었다. A는 고민했다. '실적이 좋은 직원들은 다른 직원들과 어떠한 차이가 있어서 높은 실적을 올린 걸까?', '어떻게 하면 실적이 낮은 직원들의 실적을 높일 수 있을까?'

어떤 조직이든 A처럼 직원들의 상향평준화를 원한다. 하지만 실제 개개인의 성과는 저마다 다르기에 생산성 향상을 위해 어떤 기준을 마련해야 할지 고민이다. 이러한 고민을 해결할 수 있는 방안이 있다. 바로 성과행동모형competency model이다.

성과행동모형은 훌륭한 실적을 올린 인재들의 남다른 행동패턴을 구체적이고 경험적으로 분석해 하나의 모델을 만드는 방법이다. 이 모델을 효과적으로 구축하기 위해서는 세 가지 전제조건이 필요하다. 먼저 모델이 되는 행동패턴이 해당 직무에 핵심적인 영향을 주는 지식과 노하우가 되어야 한다. 그다음으로는 특별한 행동패턴을 보유한 인재와 그렇지 않은 직원들 간의 행동패턴 차이를 측정할 수 있어야 한다. 마지막으로는 교육을 통해서 다른 조직원들에게도 그 행동패턴이 전파될 수 있는지를 고려해야 한다. 이 세 가지 조건이 충족되면 성과행동모형을 사용해 조직원들의 성과를 향상시킬 수 있다.

성과행동모형을 만들기 위한 세 가지 조건이 갖춰졌다면 BEI Behavioral event interview를 통해 인재들의 행동패턴을 분석한다. BEI를 진행할 때에는 여러 인재를 대상으로 세부적인 내용까지 담아내야 한다. 인터뷰 결과를 바탕으로 조직의 목표를 달성할 수 있는 인재상을 보다 정교하게 만들기 위함이다. 이렇게 만들어진 인재상이 바로 성과행동모형이다.

보험업계에서는 이 성과행동모형을 오래전부터 광범위하게 활용하고 있다. 보험 판매 실적이 뛰어난 영업사원들의 노하우를 다른 사원들에게 전달하고, 뛰어난 실적을 거둔 영업사원을 관리자로 승진시켜 부하직원들을 교육하는 동시에 효과적으로 영업사원들을 관리하게 한다.

문제는 성과가 높은 인재들이 자신의 노하우를 전하기 꺼리는 경우가 종종 생긴다는 것이다. 이 문제를 해결하기 위해서는 성과행동모형을 시행할 때, 자신의 노하우를 제공하는 인재들에 대한 보상을 체계적으로 설계해 이들의 동기를 유발하는 방법이 필요하다. 성과행동모형은 개인의 성공 노하우를 서로가 공유함으로써 조직 문화를 조금 더 개방적으로 바꿀 수 있는 기회를 제공한다.

다양한 조직원을 만족시키는 동기부여는 과연 가능할까?

맥그리거의 X이론과 Y이론

엄격하고 보수적인 조직 문화를 가지고 있는 기업에 입사한 신입사원 A와 B. 3개월 후, A는 상사들에게 긍정적인 평가를 받으며 성공적으로 새 직장에 적응한 반면, B는 그렇지 못하고 있다. 인사팀장 C는 어떻게 B의 적응을 도울 수 있을지가 고민이다.

많은 조직 관리자들이 어떻게 하면 조직 구성원들의 동기를 이끌어낼 수 있을지를 고민한다. 해당 기업의 조직 문화를 고려해 채찍과 당근을 적절히 섞어가면서 효과적으로 직원들에게 동기부여를 하고 싶다. 하지만 누구에게 채찍을, 누구에게 당근을 주어야 하는지 판단하기란 쉬운 일이 아니다. 앞의 사례에서 인사팀장 C도 신입사원 B가 어떤 유형의 사람인지를 알고 있다면 한결 고민을 덜고 적절한 방법을 찾았을 것이다. 보수적인 조직 문화를 생각해볼 때 B는 아마도 엄격한 훈육보다는 자율적으로 적응할 수 있는 환경을 만들어주는 쪽이 어울릴 것이다.

1960년대 MIT 교수 더글라스 맥그리거Douglas McGregor는 인간의 본성을 X와 Y 두 가지로 분류해 각 본성에 맞는 동기부여 방식을 제시했다. 이른바 '맥그리거의 X이론과 Y이론'이다.

X이론은 인간이 선천적으로 게으르고 일하기 싫어하며 다른 사람의 지시에 따라가는 수동적 존재라고 가정한다. 이에 조직의 목표를 달성하기 위해서는 철저한 통제와 관리가 필요하다는 관점을 지닌다.

Y이론은 맥그리거가 전통적 관점의 X이론을 비판하며 나온 이론이다. Y이론은 인간이 놀이와 마찬가지로 일하는 것을 좋아하며, 자신의 능력을 발휘함과 동시에 자아를 실현하는 고차원적 욕구를 지닌 존재로 바라본다. 이에 자율성을 보장하고 책임을 부여하면 자연스레 조직의 목표도 달성할 수 있다는 것이 Y이론의 핵심이다.

인간은 각기 다른 개성을 지닌 존재다. 동기부여를 위해 X이론, Y이론을 적용할 때에는 대상자가 어떤 이론에 가까운 사람인지 먼저 알아야 한다. 또한 이 이론은 어떤 직무인지에 따라서도 다르게 적용될 수 있다. 그룹 내에 활발한 창의성이 필요한 조직이라면 Y이론을 적용하고, 군대와 같이 엄격한 규율이 필요로 하는 조직이라면 X이론을 적용하는 것이 더 효과적일 것이다.

왜 직원들은
좋은 근무환경을 원하는가

허즈버그의 2요인 이론

앞서 살펴본 맥그리거의 X, Y이론이 인간의 태생적 성향에 기반하는 동기부여 이론이라면, 이제부터 살펴볼 허즈버그의 2요인 이론Herzberg's two-factor theory은 직무 만족도에 따른 동기부여 이론이다. 이 이론에 따르면 인간은 직장에서 만족을 느끼는 요인과 불만족을 느끼는 요인이 저마다 다르다.

1953년 허즈버그F. Herzberg는 203명의 회계전문가와 엔지니어에게 직무와 관련해 '당신은 직장에서 어떤 경우에 만족 또는 불만족을 느끼십니까?'라는 설문조사를 했다. 그 결과, 허즈버그는 단순히 만족을 느끼게 하는 요인이 충족되지 않았다고 해서 불만족을 느끼는 것이 아니라, 불만족을 느끼는 요인은 만족을 느끼게 하는 요인과 전혀 다른 별개의 요인이라는 것을 발견하게 되었다. 또한 불만족 요인을 제거하는 것은 단기적인 효과를 가져올 뿐이고, 오히려 만족 요인을 더욱 높여야 장기적인 효과를 거둘 수 있다는 사실도 밝혀냈다. 허즈버그는 만족을 느끼게 하는 요인을 동기요인, 불만족을 느끼게 하는 요인을 위생요인이라고 명명했다. 이에 허즈버그의 2요인 이론을 동기부여-위생이론Herzberg's motivation-hygiene theory이라고 부르기도 한다.

만족감을 주는 동기요인으로는 직무에 대한 성취감, 타인으로부터의 인정, 자신의 직무 그 자체, 자신의 책임과 권리 그리고 승진 등이다. 이러한 요인들은 일을 하면서 자아실현을 가능하게 하며, 그 동기를 제공하므로 동기요인이라고 부른다. 만약 경영자가 조직원들에게 이러한 동기요인을 제대로 제공하지 못한다면 조직원들은 회사에 대한 만족감을 느낄 수 없다. 허즈버그는 이와 같은 동기요인을 그들의 직무와 연관해 제공하면 좋은 성과를 낼 수 있다고 말한다.

조직원의 불만족을 초래하는 요인으로는 회사의 정책, 관리자의 감독 능력이나 기술, 급여, 작업 환경, 직장 내의 대인관계 등이 있다. 이 항목들은 직무와 직접 관련되어 있기보다는 직무를 수행하는 데 필요한 환경적 요소다. 이런 요소들을 적절한 수준으로 유지해야 조직원들이 불만족을 예방할 수 있다. 따라서 경영자는 조직원들이 불만족을 느끼는 상황을 제거하고, 작업하기에 좋은 위생적인 환경을 만들어주어야 한다.

현재 경영환경에서 보자면 허즈버그의 위생요인은 과거에 비해 크게 향상되었다고 할 수 있다. 하지만 조직원들의 만족도를 높이기 위해서는 위생요인보다는 동기요인에 주목해야 한다. 만족도를 유지시켜 조직원의 동기를 계속 유지할 수 있도록 조직원들의 자아실현 욕구를 충족시켜 줄 수 있는 업무환경을 만드는 것이 중요하다.

잭 웰치가 제안한
특별한 멘토링

리버스 멘토링

살면서 좋은 멘토를 만나는 것만큼 소중한 기회란 없을 것이다. 직장생활도 마찬가지다. 입사 초기에 좋은 멘토를 만나 일하는 방법과 조직의 생리에 대해서 잘 배운다면 업무 성과가 높아지고 회사생활이 훨씬 수월해질 것이다. 회사 내에서 멘토는 보통 멘티에 비해 경험이 풍부한 연장자나 직급이 높은 경우가 많다. 그런데 최근 많은 기업에서 나이도 어리고, 직급이 낮은 사람이 멘토가 되는 경우가 늘고 있다. 바로 리버스 멘토링reverse mentoring이다.

잭 웰치Jack Welch도 GE의 CEO로 재임 중이던 1999년에 리버스 멘토링을 시도했던 적이 있다. 당시 잭 웰치는 인터넷과 신기술에 익숙하지 않은 경영진을 위해 20대와 30대 젊은 직원들에게 멘토 역할을 맡겼다.

미국의 보험회사 하트포드Hartford는 리버스 멘토링을 가장 잘 활용한 기업이다. 2011년 하트포드 CEO인 리암 맥기Liam McGee는 고객들과 비즈니스 파트너들이 소셜미디어, 모바일 컴퓨팅, 클라우드 등을 익숙하게 활용하는 데 비해 자사의 임직원들은 이에 대한 지식과 경험이 부족하다는 점을 깨닫고 리버스 멘토링을 전격 도입했다. 하트포드는 주니어와 시니어 직원들로 리버스 멘토링 프로젝트 팀을 만들고, 소셜미디어에 밝은 젊은 직원들 중에서 멘토를 선발했다. 젊은 멘토들은 3~4주에 한 번씩 자신의 멘티를 만나한 시간 정도 소셜미디어에 대한 지식을 공유하고, 멘티가 소셜미디어를 직접 경험하도록 지도했다. 그 결과, 젊은 멘토의 지도를 받은 시니어 임직원들은 소셜미디어를 자유롭게 활용할 수 있게 되면서 업무 성과를 올렸을 뿐 아니라, 개인적으로도 큰 도움을 받게 되었다. 또한 자연스럽게 직원 간의 교류가 활발하게 이뤄지면서 소셜미디어를 활용한 다양한 업무 아이디어도 만들어 낼 수 있었다.

하트포드의 리버스 멘토링 프로젝트가 성공을 거둔 데는 몇 가지 이유가 있다. 우선 CEO가 먼저 스스로 멘티가 되는 등 경영진의 적극적인 지원이 있었다. 또한 멘티들은 멘토로부터 배운 것을 계속해서 연습하고 업무에도 적용하려고 노력했다. 그리고 리버스 멘토링 프로젝트를 위한 사이트를 만들어서, 그곳에서 이 프로젝트가 어떻게 진행되고 있는지를 공개·공유 하는 동시에 직원 간의 경쟁을 자극했다. 이러한 하트포드의 멘토링 사례는 기업이 쉽게 빠질 수 있는 매너리즘을 방지한다는 평가를 받았다. 리버스 멘토링은 내부 조직 간의 소통이 원활하지 않은 기업이라면 한 번쯤 도입해 조직 내 원활한 의사소통을 만들어 새로운 아이디어를 창출하는 전략으로 고려해볼 만하다.

OPERATION

집 근처 편의점에
허니버터칩이 없던 까닭

채찍효과

2014년 하반기에 화제를 모은 과자가 있다. 먹고 싶어도 구매할 수가 없어서 구매 욕구를 더 불러일으킨 바로 그 과자, 허니버터칩. '허니버터칩 대란'이라고 할 정도로 구하기 힘들었던 이유는 수요가 늘어났어도 무리하게 공급을 늘리지 않으려는 회사의 철저한 전략 때문이었다. 제조사는 과자업계의 특성상 트렌드가 빠르게 변한다는 것을 염두에 두고, 공급량을 조심스럽게 조절했다.

하루 평균 판매량이 100개 안팎인 동네빵집이라면, 어느 날은 90개를, 잘 팔리는 날은 110개를 판매할 수도 있다. 소매상인 빵집 주인이 매출 변화에 대비해 공급량을 조절하는 일은 크게 어렵지 않다. 하지만 재료나 중간소비재를 제공하는 도매상, 제조업체, 원재료 공급자들의 경우는 다르다. 이들이 공급량을 어떻게 조절하느냐에 따라 수요 및 유통량이 크게 변할 수 있기 때문이다. 즉 채찍효과bullwhip effect가 일어난다. 채찍효과란 제품이 제조업자로부터 소비자까지 전달되는 공급사슬에서 소비자의 수요가 유통과정을 통해 제조업자에게 전달될 때 각 단계별 수요의 변동성이 증가하는 현상을 소몰이에 쓰이는 채찍에 빗댄 말이다. 소몰이 채찍에 아주 작은 힘이 가해져도 끝부분이 크게 출렁거리기 때문이다. 사소하고 미미한 요인이 큰 결과를 불러온다는 뜻에서 나비효과butterfly effect와 유사하다. 허니버터칩을 만든 회사는 이 채찍효과의 부작용인 악성재고를 막기 위해 공급량을 철저하게 조절한 것이다.

채찍효과는 주로 일부 소비자들의 반응을 과대 해석해서 공급을 늘릴 때, 유통 비용을 줄이기 위해 대규모 일괄 주문이 일상화 되어 있을 때, 대량 구입하는 유통업체에게 제조사가 가격 할인을 해줄 때 발생할 가능성이 높다. 이러한 채찍효과는 결국 악성재고를 유발하고, 고객에 대한 서비스 수준도 떨어뜨리며, 생산 계획에 차질을 가져오고, 비효율적인 운송 과정 등 제품 공급사슬 전반을 어렵게 하는 문제를 가져온다.

채찍효과를 막기 위해서는 소비자 수요 정보를 공급사슬에 참여하는 업체들끼리 정확히 공유하고, 일괄식 주문을 없애야 한다. 또한 가격 정책을 안정화하고 더 나아가 철저한 판매 예측을 거친 뒤 공급해야 한다. 시장의 다변화나 사업의 다각화 역시도 새로운 수요를 만들어 주기에 채찍효과의 대안이 될 수 있다.

생산 과정의 문제를
어떻게 개선할 수 있을까

리틀의 법칙

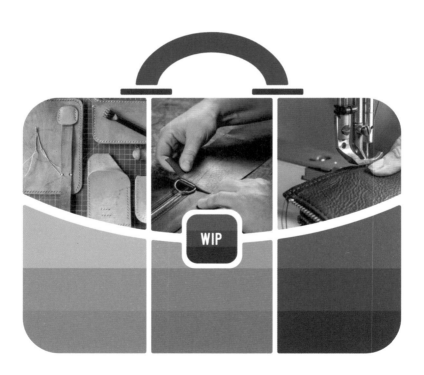

WIP

재고하면 흔히 창고에 쌓인 물품을 떠올리겠지만, 이런 재고 말고도 제조과정에 투입되어 제품으로 가공되고 있는 재고도 있다. 이를 경영학에서는 WIPwork in process라고 한다. WIP가 해당 프로세스에 얼마나 있는지 알아보기 위해서는 직접 세어볼 수도 있지만, 프로세스의 유입량과 가공 시간을 통해 간단한 수식으로도 표현할 수 있다. 이를 리틀의 법칙Little's Law이라고 한다.

리틀의 법칙은 1954년 미국 MIT의 경제학자 존 리틀John Little이 발표한 논문에서 처음 소개된 내용으로, 프로세스가 안정적일 경우 재고와 산출율 그리고 흐름시간*의 상관관계를 나타낸 법칙이다.

이 법칙을 이해하기 위해서 먼저 알아야 할 두 가지 개념이 있다. 단위 시간당 해당 프로세스에 유입되는 투입물의 수량(평균흐름률)average flow rate과 프로세스에 유입된 WIP가 해당 프로세스에 머무는 시간(평균흐름시간)average flow time이다. 이를 수식으로 나타내면 다음과 같다.

해당 프로세스에 현재 머물고 있는 WIP의 수량(L)
= 평균흐름률(r) * 평균흐름시간(t)

가방을 만들 때의 프로세스는 원단을 재단하고, 원단을 모양에 알맞게 봉제한 후, 지퍼를 부착하는 일로 이루어져 있다. 각 과정들

---

* 프로세스를 거쳐가는 한 개의 단위가 프로세스에 머무는 시간을 의미한다.

이 시작되고 마무리되는 데에 각각 20초, 30초, 20초가 걸린다고 가정하면, 이 시간들이 각 해당 프로세스에 머무는 시간flow time이 된다. 이때 각 프로세스에 유입되는 원재료의 수가 1분에 세 개로 일정하다고 가정하면, 해당 프로세스에 유입되는 투입물의 수량은 모두 세 개이다. 이 가방 공장에 리틀의 법칙을 각각 적용해보면 단위시간 1분당 각각의 프로세스에 머물고 있는 WIP의 수는 1, 1.5, 1이 된다. 이렇게 산출된 결과를 토대로 여러 가지 개선점을 찾아낼 수 있다. 이것이 리틀의 법칙이 유용한 이유다.

다시 가방 프로세스로 돌아가보자. WIP가 두 번째 프로세스에서 제일 많이 존재한다. 이는 두 번째 프로세스의 진행시간이 가장 길기 때문이다. 이 때문에 원단 봉제 과정에서 병목현상이 발생하게 된다. 그로 인해 원단 재단 과정에는 WIP가 쌓이게 되고, 반대로 지퍼 부착 과정에는 투입물이 없어서 작동을 멈춰야 한다. 이를 해결하기 위해서는 원단 봉제 과정의 종업원을 늘려야 한다. 이것이 여의치 않다면 원단 재단이 완료된 물건을 저장할 공간을 넓히거나 아웃소싱을 하는 등의 노력이 필요하다.

리틀의 법칙은 서비스에도 적용 가능하다. 주문 시간부터 계산 완료까지를 일반 제품의 제조 과정이라고 생각하고 WIP로 나눠 보는 것이다. 그러면 서비스업에서도 대기시간을 줄이는 등 개선점을 발견할 수 있다.

낭비를 어떻게
줄일 것인가

생산의 7대 낭비 요소

도요타의 '저스트 인 타임just in time, JIT'은 글로벌 자동차 기업과의 경쟁에서 살아남기 위해 고안된 도요타만의 독자적인 생산 시스템이다. 저스트 인 타임을 실제 공정에 적용하면서 도요타는 생산과정에서 낭비되었던 요소들을 찾아내고, 이 일곱 가지 낭비 요소를 개선하는 데에도 성공했다.

도요타가 정의한 제조업계의 낭비 요소 7

- 과잉 생산의 낭비   - 가공의 낭비
- 대기의 낭비   - 동작의 낭비
- 재고의 낭비   - 불량의 낭비
- 운반의 낭비

과잉생산의 낭비는 판매량 이상으로 제품을 만드는 것을 낭비로 보는 관점이다. 과잉생산이 일어나면 불필요한 것들이 불필요한 시점에 불필요한 장소에 있게 되면서 필연적으로 재고의 낭비를 불러오게 된다. 대기의 낭비는 해당 프로세스에 작업물이 없거나 부품이 없어서 작업을 쉴 때 발생한다.

　　도요타는 일곱 가지 낭비 요소 중에 재고의 낭비를 가장 큰 문제점이라고 판단했다. 과잉재고의 문제가 발생하면, 불량 발생이나 설비 고장과 같은 다른 부분의 문제점을 숨기거나 마치 큰 문제점이 아닌 것처럼 만들 수 있는 가능성이 높다고 판단했기 때문이다. 도요타의 저스트 인 타임 프로세스의 최종 목표도 재고의 최소화였다.

　　운반의 낭비 역시 도요타가 줄이려고 노력한 요소다. 제조 공정에서 운반 자체의 과정은 부가가치를 창출하지 않을 뿐 아니라, 공정의 배치가 합리적이지 않을 경우 작업자들의 시간을 빼앗을 수 있기 때문이다. 최악의 경우 운반 도중 제품이 손상될 가능성이 있기에 운반의 낭비를 줄이려고 노력했다.

　　당연하게 시행되어왔던 공정이지만 그 자체에서도 불합리한 요소가 있을 수 있다. 하나의 제품을 만들 때 10개의 부품이 소요된다면, 설비를 보완해 더 적은 부품만 사용할 수 있다면 현재의 공정은 낭비가 발생하는 공정이다. 이렇게 가공 그 자체에서도 낭비가 발생한다.

　　제조업은 원재료를 가공해 부가가치를 얻는다. 그런데 제조과정에서 그렇지 않은 동작들이 간혹 발생하게 된다. 이를 동작의 낭비라고 한다. 제품에 불량이 발생하면 기업은 불량을 바로 잡기 위해 시간과 비용을 다시 투여하게 된다. 이것이 불량의 낭비다.

　도요타는 일곱 가지 낭비 요소를 꼼꼼히 파악하고 이를 저스트인 타임 프로세스에 적용하면서 세계적인 자동차 기업으로 발돋움했다. 물론 최근에는 도요타의 생산 전략이 과거처럼 위상을 떨치고 있지는 않지만, 경영혁신을 위해서는 어떤 지점에서 낭비가 발생하는지 먼저 이해할 필요가 있다.

도요타가 변화를
선택한 이유는?

저스트 인 타임

도요타의 저스트 인 타임JIT은 재고를 쌓아두지 않고 필요할 때 제품을 공급하는 생산방식이다. 즉 팔릴 물건을 팔릴 때에 필요한 만큼만 생산해서 판매하는 것이다. 이를 통해 도요타는 적은 비용으로 품질을 유지할 수 있었고, 세계적 자동차 기업으로 발돋움할 수 있었다.

저스트 인 타임은 자동화와 함께 도요타 생산 과정의 핵심이다. 흔히 재고를 쌓아두고 새 제품을 추가로 생산할 경우, 언제든지 해당 재고를 꺼내어 사용할 수 있다는 장점이 있지만, 재고 물량이 늘어나면서 물량을 확보하는 데 우선 자금이 들어가고, 공장 창고에 쌓아둔 채로 사용하지 않고 남아 있는 물량은 이미 지불한 물품 대금이 있으므로 재고 이자가 발생한다. 이에 상당수의 회사들은 당일 생산에 필요한 물량만을 들여와 생산함으로써 불필요한 자금 투입이나, 새로운 재고 이자 발생을 막으려고 한다.

이러한 비효율적인 비용을 획기적으로 줄이는 것이 도요타의 목표였다. 저스트 인 타임은 판매량 변화에 유연하게 대처할 수 있도록 했다. 대폭적인 리드 타임 단축, 납기일 준수, 재고 감소, 생산성 향상, 불량 감소를 가능하게 했다. 철저한 현장 중심의 개선과 낭비 제거를 통해, 필요한 시점에 필요한 부품만 들여오는 시스템을 개발하며 재고량을 대폭 줄이는 데 성공했다. 도요타의 성공을 바탕으로 자동차 회사들은 물론 다른 업종의 기업들도 저스트 인 타임 프로세스를 도입했고, 이는 제조업체의 기본 매뉴얼이 됐다. 일본 기업들의 재고회전율 역시 1990년대 10회전 안팎에서 2010년엔

13.6회전으로 높아졌다.

그러나 2011년 대지진과 태국 홍수라는 돌발 악재를 겪은 뒤 도요타의 상황도 급변했다. 부품 부족으로 공장 가동을 멈출 수밖에 없었고, 1위를 유지하던 세계 시장점유율도 3위로 떨어졌다. 이 위기를 벗어나기 위해 도요타는 적정 재고 수준을 높이는 동시에 자동차 종류와 생산지역에 따라 제각각이던 부품의 설계를 통일하고, 부품 공급처를 확대했다. 한쪽의 부품 공장이 멈춰서더라도 다른 쪽에서 곧바로 동일제품을 공급할 수 있는 시스템을 구축하겠다는 취지였다.

도요타를 따라 하며 재고량을 최소한으로 억제해오던 일본 기업들도 변화의 필요성을 느끼기 시작했다. 생산시설의 해외 분산 및 재고관리 강화를 통해 일본 기업의 생산성과 경쟁력은 오히려 더욱 강화됐다. 변화를 통해 새로운 도약의 전기를 마련한 도요타는 지금도 기술 발달로 인해 보다 빨라진 생산 과정에 지장을 미치지 않을 정도의 재고 수준을 유지하면서 시장 환경에 맞는 새로운 저스트 인 타임을 적용하고 있다.

OPERATION
039

'빠르고, 일정한 흐름'을 어떻게 만들 것인가

SEF 이론

생산성 향상은 모든 기업이 관심을 갖고 해결하려는 과제다. 경영학자들은 오랫동안 기업의 생산성 향상을 위한 다양한 방법을 연구해왔다. 생산성에 대한 연구는 경영학 중 운영관리operation management 분야에서 가장 많이 하고 있는데, 대표적 이론으로 SEFSwift and Even Flow를 들 수 있다.

SEF 이론은 1998년 미국 인디애나 대학의 로저 슈매너Roger Schmenner 교수가 처음으로 소개했다. 사전적 의미로는 '빠르고Swift 일정한 흐름Even Flow'이라는 뜻이다. 기업의 생산과 서비스 과정에서 자재materials나 정보가 빠르게 이동하고, 변동성이 낮은 일정한 흐름을 보여야 생산성이 높아진다는 이론이다.

슈매너 교수는 SEF 이론을 통해 제조업의 역사를 설명한다. 그는 산업혁명이 영국의 섬유산업에서 시작된 배경을 섬유를 '빠르

SEF

산업혁명이 영국의 섬유산업에서 시작된 배경은
섬유를 '빠르고 일정하게 생산하면서' 생산성이
폭발적으로 증가했기 때문이다

고 일정하게 생산하면서' 생산성이 폭발적으로 증가했기 때문이라고 주장한다. 또한 19세기 초부터 미국 기업의 노동 생산성이 영국을 추월한 이유가 미국 기업들이 표준화된 디자인과 호환 가능한 부품을 사용함으로써 빠르고 일정한 흐름, 즉 SEF가 가능했기 때문이라고 말한다.

제조업의 생산성 향상을 다루는 데서 출발한 SEF 이론은 점차 서비스업으로 영역을 확대하고 있다. 최근에는 그중에서도 의료 산업에 SEF 이론을 적용한 연구들이 등장하고 있다. 2013년 상반기 《Journal of Operations Management》에 소개된 논문은 SEF 이론으로 미국 567개 병원을 분석했다. 이 논문에 따르면, 환자가 병원에 와서 진찰과 치료를 받고 퇴원하는 일련의 과정에서 '빠르고, 일정한 흐름'이 나타날 수 있게 하는 데에는 IT 관련 투자가 중요한 역할을 한다고 한다. SEF를 위해 IT 시설 투자를 아끼지 않는 병원이 환자들의 만족도를 높이고, 경영성과도 높일 수 있었다.

이처럼 SEF 이론은 최근 항공사나 유통사 등 다른 서비스 산업을 분석하는 데에도 널리 활용되고 있다. 국내에서도 SEF 이론을 바탕으로 서비스 산업의 생산성을 향상시킬 수 있는 연구들이 많이 이뤄져야 할 것이다.

수요를 어떻게
예측할 것인가

정성적 수요예측, 정량적 수요예측

경영자에게 있어 수요예측은 매우 중요한 사안이다. 큰 기업들부터 개인 사업자까지도 짧게는 하루, 길게는 1년 이상의 수요예측을 각각 시행하고 있다. 하지만 수요 역시 미래를 예측하는 것이기에 정확한 수요예측은 불가능에 가깝다. 이런 한계에도 불구하고 수요예측의 정확도를 합리적으로 높이는 방법이 두 가지 있다. 정성적 수요예측과 정량적 수요예측이다.

정성적 수요예측은 주로 축척된 데이터가 없는 신제품이나 수집한 통계자료들이 편향되었을 때에 사용하는 방법이다. 가장 기초적인 방식은 일선 판매망을 활용하는 것이다. 일선 판매망 활용은 가장 아래 단계부터 수요를 예측해 상위 단계로 올라가면서 각각의 수요를 더하는 방식으로 이루어진다. 소비자에게 가까울수록 소비자 의견을 쉽게 들을 수 있기 때문에 소비자와 가까운 판매 조직의 수요예측이 더 정확할 수 있기 때문이다. 따라서 적은 비용으로 수요예측을 할 수 있지만, 판매원이 자신의 실적을 위해 의도적으로 예측치를 높이거나 낮출 수 있는 한계가 있다.

전문가 의견을 통해 수요예측을 하는 것도 정성적 수요예측에 속한다. 가장 많이 활용되는 방식이 델파이 기법이다. 델파이 기법은 크게 다섯 단계로 이루어진다. 첫째, 전문가를 설정하고 설문지를 개발한다. 둘째, 참여 전문가들에게 설문지를 보내 답을 받는다. 셋째, 설문에 대한 답변을 요약한 후 수정, 보완된 설문지를 다시 전문가에게 보내 답을 받는다. 넷째, 앞 단계를 거친 자료들을 통계적으로 분석하고, 이러한 결과를 다시 전문가들에게 보낸다. 다섯째, 전문가들이 합의점을 찾을 때까지 설문을 한 뒤 최종 결과를 도출한다. 델파이 기법은 여러 전문가들을 대상으로 하기 때문에 편향된 결과가 나오지 않을 가능성이 높다. 질문지를 기업이 통제할 수 있기 때문에 주제에서 크게 벗어나지도 않으며, 대면회의를 하지 않아 시간 제약이 적고 피드백이 용이하다. 하지만 설문지의 회수율이 낮을 수 있고, 반복적인 조사가 수행되므로 시간이 오래 걸린다는 단점이 있다.

판매에 관한 자료가 어느 정도 누적되어 있다면 정량적 수요예측을 할 수 있다. 정량적 수요예측은 기본적인 수요 패턴이 크게 변하지 않을 것이라는 가정 하에 수요를 도출하는 방법으로 비교적 용이하여 유용하게 활용된다. 정량적 수요예측법은 크게 시계열 분석과 인과모형이 있다.

시계열 분석법에는 다시 이동평균법, 가중이동평균법, 지수평활법 등이 있다. 이동평균법은 수요 패턴에 추세나 계절성이 관찰되지 않을 때 사용한다. 특정 기간 동안 판매된 수량을 해당 기간으로 나누면 쉽게 구할 수 있다. 가중이동평균법은 기간별로 서로 다른 가중치를 부여해 각 기간의 비중을 달리하면서 수요예측을 하는 방법이다. 주로 최근 판매량에 조금 더 높은 가중치를 부여하며, 최근의 판매가 미래 수요에 조금 더 큰 영향을 미친다고 가정한다. 지수평활법은 과거에 관찰된 실제 수요와 그 시점의 수요예측의 차이를 구한 뒤, 가중치를 곱해 새로운 예측치를 구하는 방법이다. 이 역시 현재와 가까운 자료에 큰 가중치를 부여하고 있어 가중이동평균법과 유사하다.

인과모형에서 가장 많이 사용되는 방법은 회귀분석이다. 회귀분석은 독립변수와 종속변수 간의 인과관계를 파악하는 통계기법으로, 예측뿐 아니라 민감도 분석 등 다양한 분야에서 활용된다. 회귀분석을 위해서는 종속변수에 영향을 주는 독립변수들의 예측치가 필요하기 때문에 인과모형의 추정과 병행해 독립변수들의 예측치 확보 여부를 먼저 알아봐야 한다.

이러한 다양한 방법을 사용하더라도 수요를 완벽하게 예측할 수는 없다. 하지만 수요를 예측하는 정확도를 높이게 되면 재고를 안정적으로 관리할 수 있고, 서비스 수준을 향상시킬 수 있다. 경제상황의 변동이 심하고, 제품의 수명이 짧아지고, 기술이 급격히 발전하면서 수요예측의 중요성은 예전보다 더욱 커지고 있다.

시장의 변화에
신속하게 대응하려면

공급자 재고관리

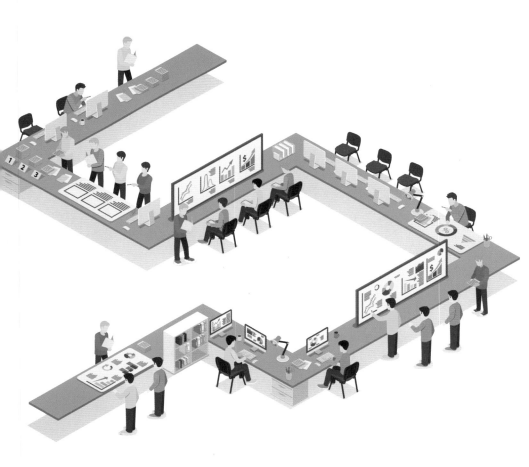

2000년대에 들어 IT의 발달로 경영환경이 글로벌화 되고, 이와 동시에 시장의 환경도 급격히 변화하면서 공급사슬 파트너들 간의 긴밀한 협력이 필요하게 되었다. 재고관리도 마찬가지다. 각 공급 단계로 넘어갈 때 발생하는 재고 비용과 조달 비용을 절감하는 방법에 대해서 공급사슬 파트너들이 여러 가지 방안을 마련하기 시작했다. 그중 하나가 바로 공급자 재고관리vendor managed inventory, VMI다.

공급자 재고관리란 시장의 변화에 신속하게 대응하기 위해 공급자들이 실시간으로 고객의 재고를 관리하는 방식을 말한다. 창고 품목의 입·출입이 발생할 때마다 바코드와 스캐너로 재고 정보를 인터넷이나 EDIelectronic data interchange를 통해 공급자에게 전송하면, 공급자는 이를 바탕으로 수요를 비교적 정확하게 예측해 재고수준이 재주문점reorder point에 다다랐을 때 창고에 제품을 채워주는 프로세스다. 이를 통해 공급자가 재고를 관리하게 되면서 공급자는 시간을 절약할 수 있게 되고, 다른 전략적인 품목을 다룰 수 있는 시간을 획득할 수 있게 된다. 또한 제품이 주문자에게 도착할 때까지의 소유권이 공급자에게 있으므로, 이에 대한 재고유지 비용과 위험을 줄일 수 있다. 뿐만 아니라 구매자의 잘못된 주문을 피할 수 있고, 재고 설정, 배송 방식, 배송시기를 공급자가 스스로 결정할 수 있어 과잉재고의 부담을 덜어내는 장점이 있다.

실제로 공급자 재고관리의 장점에 대한 한 연구 보고서에 따르면, 전통적인 공급사슬의 재고관리 활동과 비교해볼 때, 공급자 재고관리를 실행할 경우 리드 타임은 15일에서 5일로, 정시배송률은 20퍼센트에서 98퍼센트로, 재고회전은 5회에서 35회로 늘어났다.

공급자 재고관리는 1980년대 후반 월마트와 P&G가 최초로 이 도입하면서 대중화되기 시작됐다. 1987년부터 P&G와 월마트는 자동재고보충continuous replenishment program의 일환으로 공급자 재고관리를 개발, P&G가 월마트의 재고상황을 모니터링하고 주문량과 주문시기 및 배송방법에 대해 결정을 내리며 효율적인 재고관리에 성공했다.

이처럼 공급자 재고관리는 공급자와 구매자 모두에게 만족할 만한 결과를 제공한다. 하지만 여기에도 리스크가 있다. 대금결제가 주로 원재료가 제조공정에 투입되는 단계나 상품이 판매되는 단계에서 이루어지기 때문에, 공급자가 수요예측을 잘못하게 될 경우 공급자의 재고부담이 가중될 뿐 아니라 현금 흐름에도 문제가 생길 수 있다. 이에 공급자 재고관리 시스템을 도입하려면 비용에 대한 정확한 분석을 통해 이익을 극대화 할 수 있는 방안을 먼저 마련해야 한다.

자라의 신상품이
유행을 앞서가는 이유

수요망 관리

자라, H&M, 유니클로와 같은 SPA 브랜드는 현재 패션 시장의 트렌드를 주도하고 있다. 유행에 따라 빠르게 제작되어 즉시 유통된다는 의미로 '패스트패션'이라고 불리는 SPA 의류는 디자인, 가격, 기능성을 앞세워 패션 시장을 점령하고 있다. SPA 브랜드의 급성장에는 수요망 관리라는 전략이 숨어 있다.

수요망 관리demand chain management는 고객관리 방안의 하나로, 마케팅에서 판매, 고객서비스에 이르는 회사의 고객 관련 비즈니스 프로세스를 직접 혹은 파트너 채널을 통해 관리하는 모든 활동을 말한다. 흔히 SCM이라고 불리는 공급망 관리와 대조되는 개념이다. 수요망 관리의 목적은 수요창출과 수요충족 과정의 조화다.

이를 위해서는 특정한 상품과 시장 조건을 감안해 차별화된 공급과 유통전략을 수립하고, 제품이 공급자에서 최종 고객에게 도달하는 단계와 관련된 모든 정보의 실시간 흐름을 분석해야 한다. 그래야만 해당 기업이 각각 다른 기대와 요구사항을 가지고 있는 고객을 만족시키고 해당 시장의 특성에 신속하게 대응할 수 있다.

수요망 관리를 가장 잘하는 대표적 기업은 바로 자라ZARA다. 이 스페인 SPA 브랜드의 제품 생산과 유통 프로세스는 다른 기업과 차이가 있다. 자라는 매장에서 측정한 고객의 수요를 상품 개발과 제작, 유통에 이르기까지 단시간에 이뤄낸다. 그 어떤 분야보다도 트렌드와 유행에 민감한 패션 업계에서 승승장구하는 비결이다.

자라의 수요망 관리는 다음과 같이 이뤄진다. 자라의 매장 직원이 스마트기기를 이용해 세일 트렌드, 제품에 대한 고객의 의견과 반응, 그리고 다음 시즌에는 어떤 스타일의 제품을 고객들이 원하는지에 대한 모든 정보를 입력하고, 이를 본사에 보내면 개발팀은 시장의 유행에 맞게 다양한 제품을 15일 내에 상품화해낸다. 그리고 빠른 유통이 가능한 공급망 체계를 통해 신상품을 신속하게 매장에 내보낸다. 이것이 자라의 효과적이고 종합적인 수요망 관리다.

자라의 사례처럼 수요망 관리를 효과적으로 운영하기 위해서는, 고객의 수요에 유연하게 대처할 수 있는 일관되고 명확한 전략이 필요하다. 또한 기업의 특성과 소비자 욕구에 실시간으로 반응할 수 있는 생산 라인과 공급망 구조가 반드시 있어야 한다. 품질 향상과 생산 과정에서의 비용절감을 이룰 수 있는 수요망 관리는 빠르게 변화하는 시장 환경에서 살아남을 수 있는 방법 중 하나다.

REVENUE

비용과
이익의
최적화를 위해

저렴한 비행기 티켓이
환불되지 않는 이유

수익 관리

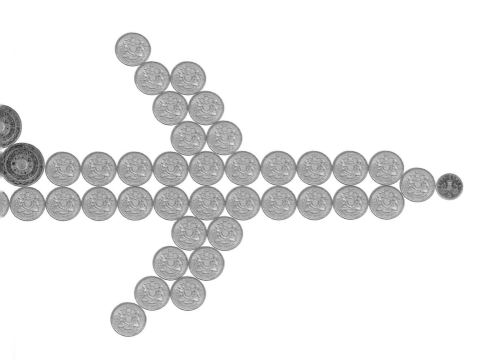

여름휴가 기간 동안 유럽여행을 계획하고 있는 직장인 A. 저렴하게 비행기 티켓을 끊기 위해 최저가를 안내하는 사이트에 접속해 저렴한 항공권을 끊는 데 성공했다. 하지만 조건이 있었다. 비행기 티켓을 저렴하게 구매한 대신, 비행기 티켓을 취소할 경우 환불받지 못하는 것이다.

기업은 수익을 높이기 위한 다양한 전략을 구사한다. 이러한 수익 전략 중 하나가 '수익 관리'다. 수익 관리는 1960년대에 수율 관리라는 이름으로 호텔업계에서 시작됐다. 호텔의 빈 객실은 팔고 남은 일종의 재고 개념과도 같다. 하지만 호텔 객실은 일반 제품들처럼 재고가 누적되지 않지도 않고, 시간이 지나면 할인된 가격으로 판매할 수도 없다. 그날 예약이 되지 않으면 상품으로서의 가치가 사라져버려 그대로 손해가 된다. 이에 호텔의 빈 객실을 최소화하기 위해 일정 기간 이전까지는 할인된 가격으로 예약을 받는다. 이를 수익 관리 전략이라고 한다. 수익 관리는 호텔 객실 같은 소멸성 상품*을 다루는 산업에서 많이 사용한다.

수익 관리에 대한 연구가 폭발적으로 증가한 데에는 항공 산업의 역할이 컸다. 비행기 티켓은 고객이 점유하지 않으면 판매 기회의 손실로 나타난다. 또한 항공기 한 대당 수용할 수 있는 고객의 수

---

* 해당 시점에 사용하지 않으면 다시 사용할 수 없는 제품이나 서비스를 말한다. 소멸성 상품은 호텔 객실이나 비행기 티켓처럼 상품 수가 고정되어 있으며, 그 시점이 지나면 판매가 불가능하다. 그런 만큼 고객들의 가격민감도가 다르기 때문에 가격으로 차별화할 수 있다.

가 한정되어 있기에 상품의 수 역시 고정되어 있다. 또한 고객들의 항공기 이용 목적이나 나이, 성별 등에 따라 가격민감도가 다르다. 1970년 후반, 미국에서 항공자율화법이 제정되면서 기존 주류 항공사들보다 훨씬 저렴한 운임을 제공하는 신진 항공사가 출현하면서 본격적인 경쟁에 돌입하게 되었는데, 기존 항공사들이 가격경쟁에서 밀리지 않기 위해 수익 관리 전략을 본격적으로 시작한 것이다.

수익 관리는 서로 다른 고객들에게, 차별화된 금액으로, 개개인에게 적합한 상품을, 개개인이 원하는 시기에 판매하여 수익을 극대화 시키는 전략이다. 경제학 관점에서 보면, 생산자가 가장 원하는 그림 중 하나는 개별 소비자들의 구매의사가 얼마인지를 파악한 후, 같은 상품을 다른 가격으로 판매하는 것이다. 수익 관리에 대한 데이터가 쌓이게 되면 기업은 소비자의 구매 패턴에 맞는 가격 전략을 구사할 수 있다. 이처럼 수익 전략은 기업에게 비용과 이익의 최적화를 찾는 좋은 방법이다.

지속가능한 사업을 위해 고려할 사항들

워렌 버핏의 경제적 해자

은퇴한 베이비붐 세대들이 창업 전선에 뛰어들면서 2013년 국내의 사업체 증가율은 13년 만에 최대치를 기록했다. 창조경제의 바람으로, 창업할 때 정부지원이나 혜택 역시 이전보다 늘어나면서 창업에 대한 기대가 높아지고 있다. 하지만 시작이 조금 쉬워졌을 뿐 기업의 생존과 지속가능성은 여전히 과제다. 그렇다면 어떻게 해야 할까? 워렌 버핏Warren Buffett의 '경제적 해자'에서 그 해결방안을 찾아볼 수 있다.

'경제적 해자'는 워렌 버핏이 처음 사용한 용어다. 해자는 중세 유럽의 성 주위에 파 놓았던 연못 등을 뜻한다. 중세시대 당시 적군이 올 때 성의 다리를 들어 올려 더 이상 다가오지 못하도록 상대방의 공격을 방어한 것처럼 경제적 해자는 사업의 방어를 위해 필요한 것들을 의미한다. 워렌 버핏은 오늘날 기업환경에서 필요한 경제적 해자를 무형자산, 소셜 네트워크 효과, 전환비용, 원가 우위 등 네 가지로 나눴다.

무형자산은 브랜드나 캐릭터 라이선스처럼, 보이지는 않지만 상품을 떠올리면 저절로 이어지는 가치를 의미한다. 이러한 무형자산은 사업의 성격에 맞게 소비자들에게 적절한 신뢰를 주는 것이 중요하다. 예를 들면 같은 스마트폰이라도 삼성보다 애플을 선호한다든지, 같은 축구화라도 나이키보다 아디다스가 더 좋다는 인식을 심어주는 것이다. 라이선스는 법적으로 보장받은 일종의 과점시장을 구축할 수 있게 도와준다. 다만 이 경우에는 하나의 라이선스로 사업을 보호하기보다는 여러 개의 라이선스로 사업을 보호하는 것이 낫다. 특히 벤처기업을 창업할 때에는 사업의 성격상 확장해나갈 수 있는 분야에 대한 라이선스도 확보해놓아야 불확실성에 대비할 수 있다.

혁신적인 기술이나 아이디어를 만들어내는 것 못지않게 중요한 것은 혁신을 기업과 사회에 널리 확산시키는 일이다. 소셜 네트워크는 혁신의 확산을 돕는 가장 좋은 수단이다. 혁신적인 기술이나 아이디어를 기업 또는 사회에서 확산시키려면 그 기업이나 사회의 소셜 네트워크에서 중요한 역할을 하는 사람들이 누구인지, 그 사람들을 중심으로 소셜 네트워크의 구조가 어떻게 형성되어 있는지를 자세히 분석해야 한다.

전환비용은 고객들에게 자신의 제품이나 서비스에서 좀처럼 벗어나지 못하게 하는 개념이다. 예를 들면, 국내 통신사들이 고객들에게 다양한 할인혜택과 멤버십 혜택을 제공하는 것은 경쟁사에게 고객을 뺏기지 않기 위해서다. 이처럼 기업은 전환비용을 구축하는 방법을 전략적으로 사용해야 한다.

원가우위는 가격경쟁력을 위한 해자다. 단순히 대량생산-대량판매가 아니더라도 원가우위를 창출할 수 있는 방법은 다양하다. 전략에 따라서는 원가 절감을 위해 제품의 설계를 바꾸거나 사업의 프로세스를 뒤집어야 할 필요도 있다.

워렌 버핏의 이 네 가지 경제적 해자를 모든 사업에 적용할 수는 없다. 하지만 이 해자들은 지금의 사업을 어떻게 더 발전시킬 수 있는지에 대해 하나의 아이디어를 제공할 것이다.

새로운 시장 개척 정말 좋기만 할까

선발자가 갖는 이익과 불이익

1998년 미국 스탠퍼드 대학의 마빈 리버만Marvin Lieberman 교수와 데이비드 몽고메리David Montgomery 교수는 한 산업군을 개척한 선발자first mover들은 여러 이점advantage을 갖고 있다고 말했다. 그 이점은 다음과 같다.

선발자의 이점 first mover advantage

― 해당 산업에서 기술적 우위를 누린다

― 제한된 자원을 선점해 경쟁우위를 지닌다

― 전환비용을 발생시킨다

― 필요한 인적, 물적 자원을 선점해 시장에서 브랜드를 강화한다

이러한 이점들로 인해 선발자는 시장에서 고착효과lock-in effect를 만들어 시장을 지배할 수 있다고 리버만 교수와 몽고메리 교수는 주장했다. 하지만 10년이 지나고 나서 두 교수는 10년 전 자신들의 결론에 다음과 같은 말을 덧붙인다.

"선발자는 기술과 시장의 불확실성 때문에 최고의 기회를 미처 보지 못하고 놓치는 경우가 많다. 사실 일찍 시장에 진입한 사람은 시장이 진화함에 따라 그다지 큰 가치를 얻을 수 없는 '쓸모없는' 자원을 손에 넣을 가능성이 높다."

선발자는 분명 여러 이점을 지니지만 불이익도 많다. 선발자의

불이익은 다음과 같다.

선발자의 불이익 first mover disadvantage

— 시장 자체를 창조해야 한다

— 새로운 시장에 대한 불확실성을 가지고 있다

— 기존에 투입된 자본 때문에 더 이상의 투자를 하지 않는다

신규 산업 개척을 위해서는 R&D는 물론이고, 소비자들에게 완전히 새로운 산업을 인지시키는 막대한 마케팅, 인프라 구축 등을 시행해야 한다. 이러한 활동에 투입되는 자본의 양이 막대한 반면, 새로운 시장은 불확실성이 크다. 이러한 불확실성 때문에 새로운 시장을 개척할 때에는 해당 기술의 혁신성과 소비자들이 그 기술을 받아들일 준비가 얼마나 잘 되어 있는지 해당 시장을 읽는 능력이 중요하다.

다국적기업의 두 가지 전략

세계화, 지역화

　세계2차대전 종전 후 미국, 유럽, 일본을 중심으로 세계화가 진행됐다. 금융의 자유화 역시 이 시기부터 점차 시작되어 이제는 마음만 먹으면 외국에도 직접 투자를 할 수 있게 됐다. 전 세계의 자유경제 기조로 인해 세계의 다국적 기업들은 점점 그 영역을 넓혀 더 큰 성장을 거두고 있다. 이러한 다국적 기업을 들여다보면 두 가지 전략을 행사하고 있는 것을 볼 수 있다. 전 세계에 자신들의 상품을 판매하는 것과 특정 지역에만 한정 상품을 판매하는 것. 이를 각각 세계화와 지역화라고 한다.

　다국적기업의 세계화 전략과 지역화 전략은 얼핏 대립하는 것처럼 보인다. 하지만 이 두 전략은 대립이 아닌 보편성과 특수성의 사이의 선택이라고 봐야 한다. 다국적기업의 입장에서 가장 좋은 시나리오는 그들의 재화나 서비스가 전 세계에서 보편적인 가치로 받아들여져 진출하고자 하는 지역에 쉽게 녹아드는 것이다. 하지만 각 국가마다 문화가 다르기 때문에 어느 지역에서는 보편성이 반영되어 받아들여지기도 하지만, 다른 지역에서는 그렇지 않는 경우도 있다. 다국적기업들이 세계화를 진행하는 동시에, 해당 지역의 특수성을 고려하는 지역화를 함께 실시하는 이유다.

맥도날드는 대표적인 다국적기업이다. 각 나라의 경제생활 수준을 비교하는 데 대표 메뉴인 빅맥의 가격을 비교한 지수, 빅맥 지수를 종종 사용한다. 맥도날드가 세계화에 성공한 이유 중 하나는 지역화에 성공했기 때문이다. 맥도날드는 해당 지역의 특색에 맞는 메뉴를 개발한다. 우리나라에만 있는 불고기버거부터, 캐나다에는 랍스터로 만든 맥랍스터, 쌀을 많이 먹는 타이완과 말레이시아에는 맥라이스를 판매하고 있다. 해당 지역에서만 볼 수 있는 메뉴들은 해당 지역에 맥도날드가 자리잡는 원동력이 되었다.

반대로 지역화에 실패하여 한국 시장을 포기한 기업도 있다. 바로 월마트다. 월마트는 국내에 입점할 당시 미국에서 사용하던 창고형 매장을 그대로 사용했고, 다른 상품들처럼 식품류도 낮은 가격을 위해 수입산을 가져왔다. 하지만 우리나라 소비자는 창고형 매장보다는 백화점처럼 점원이 있는 매장을 선호한다는 점과 가격이 낮은 수입상품보다는 품질이 안심되는 국내의 신선한 상품을 선호한다는 점을 간과했다. 반대로 이러한 월마트의 약점을 파고든 이마트는 국내에서 시장점유율을 높인 뒤, 해외로 진출했다.

이처럼 기업의 전략적인 측면에서 세계화는 피할 수 없다. 성공적인 세계화를 위해서는 해당 지역의 특성에 맞는 지역화를 통해 해외진출에 대한 기반을 마련해야 한다. 지역화는 세계화의 좋은 전략이 될 수 있다.

새로운 자금을
확보하는 방법

기업공개

2014년 9월, 중국의 IT기업 알리바바가 뉴욕증권 거래소에 상장됐다. 알리바바의 상장이 화제가 된 것은 알리바바의 상장 규모가 세계 증시 기업공개 역사상 최대 규모인 250억 달러에 달했기 때문이었다. 알리바바의 CEO 마윈의 어록이나 스토리가 담긴 책은 많은 나라에서 경제경영 분야의 베스트셀러가 됐다.

글로벌 금융위기에서 벗어나기 시작한 2013년부터 미국 증시에는 '사상 최고치 돌파'라는 표현이 자주 등장했다. 이런 강세장에 힘입어서 기업공개 시장도 호황을 누렸다. 알리바바의 미 증시 상장은 이러한 분위기의 최고 정점이었다.

기업공개initial public offering는 일정 규모의 기업이 상장 절차를 밟기 위해 실시하는 외부 투자자들에 대한 첫 주식공매를 말한다. 기업은 기업공개를 통해 새로운 자금 조달처를 찾고 유동성을 확보할 수 있어, 기업의 규모를 키우며 보다 안정적인 운영을 할 수 있게 된다. 미국의 경우 기업공개란 기업이 주식을 최초로 공모하는 것을 의미하며, 발행기업과 주관 금융기관이 시장의 소화 능력 등을 감안해 공모가를 자율적으로 책정한다. 기업공개 후 대부분 NASDAQ(미국장외시장)에 상장되어 거래되고, 뉴욕증권거래소에 상장하기 위해서는 별도의 상장 절차를 거쳐야 한다. 일본의 경우 증권거래소에 상장하거나 증권업협회에 등록함을 의미한다. 상장 또는 등록요건을 충족하기 위해서는 공모를 실시하는 것이 일반적이다.

최근 국내에서도 벤처 및 중소기업 육성 정책 강화와 저금리 기조 유지로 인해 투자처를 찾지 못한 자금이 기업공개시장으로 몰리고 있다. 전 세계적으로도 2007년 이후 최대에 이른 미국 시장을 비롯해 브라질, 이라크 등 신흥시장에서도 기업공개시장이 활발한 상태다. 하지만 기업이 상장한다고 해서 기업공개 당시의 주가가 유지되는 것은 아니다. 기업공개를 할 때 적정한 공모가를 찾지 못하면 투자자의 투자수익이 줄어 오히려 추가 자본조달 여력이 나빠질 수 있다.

이처럼 성공적인 기업공개를 위해서는 적정 수준에서 기업의 정보를 공개하는 것이 중요하고, 투자자들의 관심을 끄는 것이 필요하다. 시장상황에 따라 알맞게 기업공개 시기와 신중하게 파트너를 선택해야 한다. 준비 없이 기업공개를 진행할 경우, 투기성 자본이 차명계좌를 활용해 경영권을 위협하고, 이를 통해 주가를 띄운 뒤 수익만 챙기는 상황이 불거질 수 있다. 투자를 받은 만큼 기업의 책임도 커진다. 투자해준 주주들에게 경영 실적 등을 정기적으로 보고해야 하므로 이 과정에서 기업 내부 정보가 유출될 위험에 대한 대비도 필요하다.

합리적인 의사결정을 위한 전략

계층분석적 의사결정

　가끔씩 무언가를 결정할 때 고려할 요소가 너무 많으면 오히려 충분히 고민하지 못하고 결정을 내리게 되는 경우가 있다. 만약 회사의 설비를 구매해야 하는 상황이라면 비용, 성능, 스펙을 따질 때 어떤 기준으로 얼마만큼 고려해야 할지 어려움을 겪는다. 여러 가지 기준을 종합적으로 고려해서 선택을 내려야 할 경우 유용하게 사용할 수 있는 방법이 있다. 바로 계층분석적 의사결정Analytic Hierarchy Process이다. 영문자의 앞 글자를 따 주로 AHP라고 부른다.

　1970년대 초 미국 피츠버그 대학교의 토마스 사티Thomas Saaty 교수가 개발한 AHP는 의사결정의 계층구조를 구성하고 있는 요소 간의 비교 판단을 통해 의사결정을 돕는다. 첫 번째 계층에서는 의사결정의 목적을 세우고, 두 번째 계층에서는 의사결정의 요소들을 서로 비교하고, 그 다음 계층에서는 의사결정의 세부요소들을 비교해 최종적으로 의사결정의 대안들을 비교하며 결론을 내린다. 보다 쉽게 말하면 각 요소의 계층별로 리그전을 벌여 순위를 정하는 것이다.

반도체 생산 기업에서 주력제품을 출시할 때의 AHP
— 의사결정 목적 **주력 반도체 제품의 선정**
— 계층 1 **경제성과 기술성**
— 계층 2 **경제성과 기술성에 대한 가중치 설정**
— 계층 3 **경제성 점수 : 투자수익률, 자본회수율, 예상 마케팅 비용 X 경제성 가중치**
　　　　　기술성 점수 : 기술파급력, 기술발전속도 X 기술성 가중치
— 계층 4 **경제성 점수와 기술성 점수의 우선순위 비교 분석**

기업은 합리적인 의사결정을 위해서 다양한 방법을 마련할 필요가 있다. AHP는 복잡해 보이는 방법이지만, 결정을 내릴 수 있는 근거를 명확한 숫자로 산출하기에 정확한 의사결정의 판단기준을 제시하는 방법이 될 수 있다.

빠르게 변하는 시장에 대응하는 기업의 전략

리드 타임 단축의 긍정적 효과

주변 직장인들이 많이 찾는 맛집으로 유명한 한 음식점은 테이블에 앉자마자 인원수에 따라 음식이 나온다. 점심시간에는 한 가지 메뉴만을 제공하기에 가능한 일이다. 짧은 시간에 많은 손님들을 수용해야하기에 이 음식점은 조리 과정과 시간을 최대한으로 줄이는 김치찌개만을 판매하고 있다.

직장인 식당가의 음식점들뿐 아니라 산업 전반에서 제품을 공급해서 고객에게 인도하는 시간, 즉 리드 타임 lead time* 을 단축하는 것은 하나의 경쟁력이다.

생산 방식은 제품이나 서비스의 특성에 따라 달라진다. 생산 방식을 리드 타임이 짧은 순서대로 구분하면 예측 생산, 주문 조립 생산, 주문 제작 생산, 주문 설계 제작 등이 있다. 리드 타임이 가장 짧은 생산 방식은 예측 생산이다. 예측 생산의 경우 수요를 예측하여 미리 적정 수준의 재고를 보유하고 있다가 수요에 맞춰 납품하는 방식이다. 반면 주문 설계 제작은 주문 사양에 따라 설계를 한 뒤 제작 들어가기에 리드 타임이 가장 길다.

기업들은 리드 타임을 단축하기 위해 생산과 물류 측면에서 불필요한 요소를 제거하고, 정보를 공유하고, 운송 방식과 수단을 변경하는 등 많은 노력을 기울이고 있다. 특히 IT의 발달로 인해 제품의 흐름을 부품 조달 과정에서부터 최종 고객에게 인도하기까지의

---

* 제조업에서는 부품이 공급자로부터 선적되어 도착하는 시간까지 리드 타임에 포함한다.

전 과정을 한눈에 알 수 있게 되면서, 리드 타임 단축이 어느 단계에서 필요한지를 쉽게 파악할 수 있게 됐다.

리드 타임을 단축해서 시장에서 가장 큰 효과를 본 기업은 인텔이다. 인텔은 IT와 데이터기술을 활용해 반도체 설계와 제품 테스트 환경을 개선했다. 이로 인해 코어 프로세서 개발 소요 시간을 기존보다 25퍼센트 단축했고, 300만 달러 이상의 비용 절감 효과를 거둘 수 있었다. 인텔은 부품 공급망에 대해서도 5년간 최적화를 통해 리드 타임을 65퍼센트 단축했고, 재고도 32퍼센트 감소시켰다. 이렇게 단축된 개발 시간은 제품의 조기 출시를 가능하게 했고, 이로 인해 매출과 시장점유율을 높일 수 있었다.

자라나 H&M 등 다국적 의류브랜드 역시 보통 6개월 이상 걸리는 제품의 기획, 디자인, 생산, 유통, 판매까지의 전 과정을 2~3주 내로 단축시키면서 소비자의 반응과 유행에 신속하게 대응해 트렌드 변화에 민감한 패션업계에서 뒤처지지 않고 경쟁력을 높일 수 있었다.

리드 타임은 급변하는 시장과 고객의 다양한 요구에 대응하는 데 있어 필수적으로 고려해야 할 중요한 요소다. 하지만 생산, 유통 과정에서 리드 타임 단축을 위해 품질 관리를 소홀히 해서는 안 된다. 품질 하락은 고객의 불만으로 이어져 리드 타임 단축 효과보다 훨씬 더 기업의 매출에 악영향을 미치게 되기 때문이다.

공급자와 구매자 사이는
꼭 가까워야 할까

견제적 공급자 관리

경쟁이 치열해지고 제품의 수명 주기가 짧아지면서, 많은 기업들이 핵심 역량을 키우기 위해 주요 공급업체들과 상호 호혜적인 관계를 구축하고 있다. 기업의 입장에서는 핵심 경쟁력을 키우는 동시에 공급업체와의 교섭력에서 우위를 점하기 위해 공급업체들과의 전략적 제휴와 공급망의 체계적인 관리가 중요해졌다. 이를 위해 나타난 개념이 바로 견제적 공급자 관리다.

견제적 공급자 관리*는 공급업체와 가깝지도 멀지도 않은 적절한 관계를 유지해야 한다는 뜻으로, 전략적 공급선 다변화를 통한 긴장감 조성, 상생 협력, 인센티브의 조화 등의 방법으로 공급자와 밀접한 관계를 유지하기 위한 전략적 SCM 기법이다.

---

* 공급자와 구매자와의 관계가 팔 하나 정도 들어가는 거리를 갖는다고 해서 arm's-length 공급자 관리라고도 한다.

핵심 공급업자와 전략적 파트너십을 구축하는 것은 결코 쉬운 일이 아니다. 특히 구매자와 공급자의 관계에서 각 구매 품목에 대해 공급자를 얼마나 선정하는가에 대한 문제는 매우 복잡하다. 납품업체 수를 줄이면 거래비용이 줄어드는 장점이 있지만 가격 협상에서는 불리해지기 때문이다. 이론적으로는, 최선의 공급자와 긴밀한 관계를 유지하려면 단수 조달이나 소수 조달 방식을 이용해야 한다. 그러나 단일 공급자에 대한 의존도를 높이면 공급자 문제로 인해 완제품의 품질이 나빠지거나 예상하지 못한 상황이 발생해 공장 가동이 중단되어 납품을 받지 못하는 등의 위험이 증가한다. 따라서 기업은 공급자로부터 협상력을 발휘하기 위해서는 전략적으로 공급선을 다변화할 수 있는 역량이 있어야 한다.

대형마트들은 유통업계의 경쟁이 치열해지고 주요 업체의 공급가 인상 압박으로 이익률과 성장세가 둔화하자 그 해결책으로 PB 상품의 비중을 늘렸다. 이는 주요 공급 업체에 대한 가격 견제와 소비자의 구매력을 높이기 위한 방법으로 견제적 공급자 관리의 전형적인 사례다.

최근에는 IT가 발달하면서 공급자와 구매자 사이의 거래 효율성을 높이기 위해 통합구매정보 시스템을 갖추기 위한 시도도 이뤄지고 있다. KT는 전사적 통합구매를 위해 KT 협력사 포털을 구축했고, 현대모비스는 통합구매정보 시스템인 Vaatz를 만들었다. 이렇게 첨단 IT를 기반으로 통합구매정보 시스템을 갖추게 되면, 구매 기업은 특정 공급업체에 대한 의존도를 줄이고 가격과 제품 특성에 대한 정보 획득 비용도 줄일 수 있다.

첨단 기술을 활용한 구매 시스템은 공급 기업에게도 이익을 가져다준다. 고객사가 제품을 얼마나 사용했는지를 정확히 파악할 수 있어 수요예측의 정확성도 높여준다. 낭비되는 원자재 재고 물량을 줄여 이익을 개선하는 효과도 누릴 수 있다.

COOPERATION

공동의 목표를
달성하기 위한 방법

협력적 게임이론

모든 게임에는 경쟁 상대가 있다. 그리고 상대의 전략을 감안해 자신의 행위를 결정한다. 이렇게 참가자들 상대의 반응이나 전략을 고려해 상호작용하면서 의사결정을 하는 과정을 이해하고 밝혀내는 것을 '게임이론'이라고 한다. 앞서 1장에서 살펴본 내쉬 균형 또한 게임이론의 하나로, 자신의 이익을 극대화하는 전략을 취하기 때문에 비협력적 게임이론에 속한다. 하지만 개인들이 공동의 목표를 위해 힘을 합칠 수 있다고 하면 서로 구속력이 있는 협약을 맺고 게임에 임할 수 있다. 이를 체계화시킨 것이 곧 협력적 게임이론이다. 상생 경영, 생태계 전략, 기업의 사회적 책임이 갈수록 중요해지는 현대의 경영환경에서 협력적 게임이론의 중요성은 더 높아질 수밖에 없다.

2005년에 노벨경제학상을 수상한 로버트 아우만Robert J. Aumann 교수와 토마스 셸링Thomas C. Schelling 교수, 2012년에 노벨경제학상을 수상한 앨빈 로스Alvin Eliot Roth교수와 로이드 섀플리Lloyd Shapley 교수가 대표적인 협력적 게임이론의 연구자들이다. 이들은 통상전쟁, 군비경쟁과 같은 갈등 상황에서 협상이 도출되기 위한 조건부터 시장을 설계하는 방법 그리고 안정적으로 이익이나 비용, 자원 등을 배분하는 방법과 같이 여러 경제 주체들이 조화로운 상황으로 나아가기 위해 필요한 내용들을 연구했다. 이 내용들은 기존의 비협력적 게임이론, 즉 개인들이 이기적으로 자신의 이익만 추구하는 상황에서 보다 고차원적인 사회적 합의 상황을 도출하는 데 유용한 개념들을 다루고 있어 2000년대 중반 이후 특히 많은 관심을 받고 있다.

새플리 교수가 제안한 새플리 값Shapley value은 여러 참여자가 있는 공동 프로젝트 상황에서 비용이나 이익을 참여자들의 공헌도에 따라 배분하는 분배공식이다. 이 공식을 잘 응용하면 조인트 벤처나 국책 사업, 전략적 제휴 등과 같이 여러 사업자가 힘을 합쳐 공동의 목표를 달성해야 하는 상황에서 원활하게 협력을 이끌어낼 수 있다. 또한 기업 내 전산 자원, 공통비 배분, 세금 부과, 공항 활주로 사용료의 배분처럼 당사자 간의 갈등을 야기할 소지가 있는 상황들도 잘 정리할 수 있다.

2006년, 아우만 교수는 한국을 방문해 가졌던 대담에서 "경제란 각각의 경제 주체들의 인센티브가 복잡하게 얽혀있는 하나의 게임"이라고 말했다. 좋은 경제구조는 협력을 통해 수익이 창출되고, 공동으로 창출된 이익을 공유하는 구조다. 인위적으로 상생 경영과 기업의 사회적 책임을 강제하기보다 시장의 구조변화를 통해 자연스러운 협력을 유도해야 한다. 이것이 바로 협력적 게임이론이 주는 가장 큰 교훈이다.

삼성전자가 경제불황에도 TV 판매 1위를 기록한 이유

CPFR

전 세계적인 금융위기로 경기침체를 겪던 지난 2009년, 삼성전자는 LED TV 출시를 서둘렀다. 경제불황으로 전 세계 전자업체들이 LED TV 출시를 늦추던 상황에서 삼성전자는 많은 관계자들로부터 시기가 이르다는 지적을 받았다. 그러나 삼성전자는 외부의 우려와 달리 오히려 북미 시장에서 경쟁업체를 제치고 LED TV 판매 1위를 차지했다. 삼성전자가 과감하게 LED TV를 출시할 수 있었던 이유는 무엇이었을까?

CPFR[*]은 유통업체와 제조업체가 공동으로 수요에 대한 향후 예측력을 높이고 재고와 결품을 최소화하기 위해 맺는 계약이다. 즉 유통업체와 제조업체가 공동으로 판매량을 예측한 후 적정 판매량

---

[*] 협력(collaborative), 계획(planning), 수요예측(forecasting), 재고 보충(replenishment)의 영문 앞 글자를 따서 CPFR로 사용한다.

을 합의하고 서로 머리를 맞대 의사결정을 하는 과정이 CPFR이다. 삼성전자는 베스트바이 등 북미 시장의 대형 유통업체들과 맺은 CPFR을 통해 고객 계층별 실판매 데이터를 공유할 수 있었고 TV 판매량이 어떠한지를 파악할 수 있었던 것이다. 이를 통해 상류층 소비자들의 TV 구입량이 줄지 않았다는 사실을 알게 되었고 시장에 적극적으로 대응해 나간 결과 LED TV 시장을 선점할 수 있었던 것이다.

CPFR의 시초는 1995년 월마트와 제약회사인 워너-램버트 Warner-Lambert와의 협력이었다. 월마트는 워너-램버트와의 CPFR을 통해 구강 청결제 등과 같은 제품의 리드 타임을 21일에서 11일로 단축시키고, 판매량을 큰 폭으로 증가시키는 성과를 거뒀다. 이를 통해 두 기업은 수요예측, 생산, 물류, 판매 등 공급사슬 전반에 걸쳐 효율성을 높였고 수익성도 향상시킬 수 있었다.

고가의 전자제품을 생산하는 전자업계부터 유통기한이 있어 판매에 시간의 제약을 받는 식품업계까지, 현재 국내 기업들은 다양하게 CPFR을 적용하고 있다. 제조업체와 유통업체 간의 협력을 통해 정확하게 수요를 예측해 이를 바탕으로 최적의 생산 계획을 수립하면서 재고 부담을 줄이며 수익성을 높이고 있다.

그러나 이러한 장점에도 여전히 많은 기업들이 CPFR 도입을 망설인다. CPFR 시스템 구축을 위해서는 대규모 투자가 필요하고, 협업 기업 간에 정확한 정보 공유가 이뤄지지 않을 가능성도 있기 때문이다.

CPFR은 유통업체와 제조업체가 공동으로 수요에 대한 예측력을 높이고 재고와 결품을 최소화하기 위해 맺는 계약이다.

삼성과 구글이
특허를 공유한 이유

프레너미

스마트폰 시장의 최대 라이벌인 삼성전자와 애플. 두 회사는 5년째 자존심을 건 특허소송을 벌이며 경쟁하는 관계이지만 애들은 디스플레이 같은 스마트폰의 핵심 부품을 삼성전자에 공급받아 아이폰에 탑재하고 있다.

2014년 1월, 삼성전자와 구글은 두 회사가 보유하고 있는 기존 특허뿐만 아니라 향후 10년간 출원되는 특허까지 서로 공유하는 글로벌 특허 크로스 라이선스 계약을 체결했다.

최근 경영환경에서는 경쟁기업임에도 전략적으로 기술을 제휴하는 협업 전략이 빈번하게 일어나고 있다. 이러한 상호의존적이면서도 경쟁관계에 있는 기업들 사이의 관계를 일컫는 말이 바로

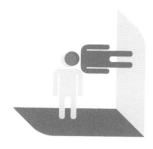

프레너미^{frienemy}*다.

앞서 소개한 구글과 삼성전자의 크로스 라이선스 계약을 통해 구글은 하드웨어와 무선통신 분야에서 삼성전자가 갖고 있는 기술을 활용하고, 삼성전자는 구글과 특허를 공유하면서 구글이 갖고 있는 소프트웨어와 인터넷 기술력을 확보하게 됐다. 또한 삼성전자와 구글로 대표되는 안드로이드 진영은 애플로부터의 특허 소송 방어력을 높일 수 있게 됐다.

마이크로소프트와 IBM도 경쟁사인 동시에 협력사의 관계다. 삼성전자와 LG전자도 프레너미의 범주에 든다고 할 수 있다. 보다 강

* 친구(friend)와 적(enemy)의 합성어로 영국 케임브리지 대학의 심리학 교수 테리 앱터(Terri Apter)가 자신의 저서 《베스트 프렌즈(The Best Friends)》에서 처음 소개했다. 경쟁의식이 높고, 선망과 질시가 혼합된 우정 관계를 표현하는 말이다.

력한 기업과 싸우기 위해 뭉칠 때는 친구이지만, 시장 점유율을 놓고 싸울 땐 적으로 돌변하기 때문이다.

오늘날의 산업 구조는 한치 앞을 내다보기 힘들 만큼 급변하고 있다. 영역 파괴는 물론이고, 다른 영역과의 융합은 앞으로도 많이 일어날 전망이다. 이러한 비즈니스 환경에서는 누구나 프레너미 관계에 놓일 수 있다.

동료이지만 막강한 경쟁자, 이들과 무작정 거리를 두는 것은 도움이 되지 않는다. 프레너미는 위협 요소이지만 반드시 필요한 존재이기도 하다. 이들과 전략적으로 협력하는 것이 우선이다. 감정적으로 대응하거나 같이 싸우는 것은 부정적인 결과를 초래할 수 있다.

기업 환경은 물론이고, 직장도 어제의 동료가 오늘의 적이 되고, 어제의 적은 또 오늘의 동료가 되는 경쟁자와 협업자, 적군과 아군의 개념이 무너진 현장이 되어가고 있다. 기업이든 개인이든 모든 것이 불확실한 환경에서는 파트너이자 경쟁관계에 놓인 상대방과 전략적 협력관계를 구축하는 이들만이 살아남을 수 있다.

COOPERATION 054
효과적인 협업을 위한 방법

참여자 중심 설계

IT, 바이오, 마이크로일렉트로닉 등과 같은 지식집약산업에서는 협업이 특히 중요하다. 이에 관련 분야의 기업들은 더욱 원활하게 협업이 이뤄질 수 있도록 조직 설계에 더 많은 관심을 갖고 다양한 시도를 하고 있다. 전통적인 조직 설계에서 벗어나 협업 전략에 맞는 새로운 조직 설계를 구축하려는 것이다.

전통적인 조직 설계는 위계적 메커니즘hierarchical mechanism을 따른다. 위계적 메커니즘은 목표를 설정하고, 자원을 배분하고, 목표 달성을 위한 모니터링 등 일련의 과정을 상급자가 지휘권을 갖고 이끌기 때문에 효율적인 통제와 조정이 용이하다. 하지만 이로 인해 때로는 위계적 메커니즘은 기업 내부의 협업이나 다른 기업들과의 폭넓은 협업에 제약을 받기도 한다. 특히 규모가 큰 조직에서는 상급자가 어떤 자원이 어떻게 배분돼야 하는지를 정확히 파악하기 어렵기 때문에 내부 협업이나 외부 협업을 어렵게 만들 수 있다. 이러한 전통적인 조직 설계의 단점을 보완하기 위해 고안된 방안이 참여자 중심 설계actor-oriented scheme다.

참여자 중심 설계는 2012년 노르웨이의 경영학자인 피엘스타드Øystein D. Fjeldstad와 미국 버클리 대학의 레이먼드 마일스Raymond E. Miles 교수가 제안한 틀이다. 이 참여자 중심 설계는 스스로 조직화가 가능한 협업 참여자, 여러 참여자들이 협업을 할 수 있게 만드는 인프라스트럭쳐, 여러 참여자들이 함께 이뤄낸 자원 등 세 가지 요소로 구성된다.

참여자 중심 설계를 가장 잘 활용하고 있는 기업은 액센추어Accenture다. 20만 명이 넘는 임직원을 보유하고, 전 세계 120개 국가에서 사업을 벌이고 있는 글로벌 경영 컨설팅 기업 액센추어는 전 세계 어느 곳에서나 프로젝트를 수행할 수 있는 역량 있는 컨설턴트를 양성하기 위해 장기간에 걸쳐 다양한 투자를 하는 것으로 알려져 있다. 액센추어에서 양성된 역량 있는 컨설턴트들은 스스로 조직화가 가능한 협업 참여자가 된다. 또한 엑센추어에는 협업을 가능하게 하는 인프라스트럭쳐 사이트, 콜라보레이트 네트워킹이 있다. 참여자들이 특정 프로젝트를 게시하면 해당 프로젝트에 필요한 인재를 모을 수 있는 사이트다. 프로젝트 참여자들이 함께 만들어낸 실적과 경험을 이곳에서 공유하면서 또 다른 프로젝트에서 협업의 성공률을 높이고 있다.

갈수록 협업이 중요해지고 있는 만큼 많은 기업들이 협업을 위한 조직 설계에 관심을 가지고 있다. 참여자 중심 설계는 협업이 좀 더 원활하게 이뤄지게 만드는 좋은 대안이 될 수 있다.

성과주의 시대, 협력의 부작용을 어떻게 해결할 것인가

사일로 효과

1960년대 옛 소련이 세계 최초로 유인 우주선 발사에 성공하자 한 발 뒤지게 된 미국 항공우주국(NASA) 내부에서 갈등이 일어났다. 서로 다른 부서의 잘못이라며 나사의 연구자들은 책임을 떠넘기며 갈등을 빚었다.

기업뿐 아니라 정부 기관이나 NGO에서도 다양한 전문가로 구성된 TFT를 구성할 때가 있다. 그런데 그 TFT를 구성한 결과가 신통치 못할 때도 많다. 각 주체들이 자신들이 가지고 있는 정보를 쉽게 내놓지 않는다거나 배타적인 관계를 형성하는 경우가 있기 때문이다. 특히 보수적인 한국의 기업 문화에서는 각 부서들이 폐쇄성을 지니고 있는 경우가 많다. 이러한 현상을 사일로 효과silo effect라고 한다. 사일로는 곡식을 저장하는 굴뚝 모양의 창고를 의미한다.

이는 부서 간에 정보라는 곡식을 쌓아놓고, 높은 벽을 형성해 정보를 서로 공유하지 않으려고 하는 현상을 빗댄 표현이다. 조직 장벽과 부서 이기주의가 대표적인 사일로 효과가 발생하는 사례다.

　실제로 조직의 협업 과정에서 사일로 효과가 종종 발생한다. 2011년 국내 한 민간 경제연구소가 직장인을 대상으로 조사한 내용에서, '한국 기업의 소통을 가로막는 벽이 무엇인가?'라는 질문에 '자기 이익만 추구하는 개인과 부서 이기주의'라는 대답이 32.1퍼센트를 차지했다. 이는 사일로 효과로 인해 조직의 성장이 방해받고 있다는 점을 보여준다. 20세기 가장 존경받는 기업가인 GE의 잭 웰치 전 회장도 사일로 효과를 막기 위해 노력한 사람 중 하나다. 그는 자신의 저서에서 대기업인 GE를 작고 날렵한 기업으로 만들기 위해서 부서 간의 벽 없는 기업문화를 만들기 위해 항상 노력했다고 밝혔다.

　사일로 효과는 일종의 기업 문화이기에, 이를 해결하기 위해서는 경영자의 의지가 가장 중요하다. 1990년대 초 IBM은 사업부 간 사일로 현상이 만연했다. 영업직원이 본인의 성과에만 집중하다 보니 심지어 고객 앞에서 타 사업부 제품을 비방하는 경우도 있었다. 이러한 사일로 현상을 없애기 위해 경영진은 부서 간에 얼마나 협력하는지, 회사에 얼마나 이바지했는지를 근거로 급여를 책정했다. 그 결과, 사업부 간에 협력체계를 구축할 수 있었고, 부서나 지역을 불문하고 하나의 통합 솔루션을 판매할 수 있었다.

　앞서 소개한 나사의 사일로 효과는 케네디 대통령이 나사의 연구원들에게 공동의 목표를 심어주면서 극복했다. 그가 제시한 목표는 "10년 안에 인간을 달에 보내고 지구로 안전하게 귀환시킬 것"이었다.

사일로 효과 극복을 위한 다섯 가지 요소

— 부서 간 협력을 이끌어내기 위한 전방위적인 공동 목표 구축

— 경쟁과 협력을 조화롭게 만드는 명확한 부서 간의 역할 분담

— 부서 간 협력을 위한 제도 및 시스템 구축

— 협력 자체에 대한 보상

— 부서 간 경쟁으로 인해 비롯되는 갈등을 신속히 해결할 수 있는 체계

056 1+1은 2가 아니다

시너지와 세너지

2016년 여름, IT업계의 가장 큰 화두는 '포켓몬 고'였다. 포켓몬의 고향인 일본에서는 출시 이틀 만에 페이스북의 사용자 수를 넘을 정도로 열풍이 거셌다. 포켓몬 고의 열풍 속에 일본 맥도날드 역시 포켓몬 효과를 톡톡히 얻었다. 닌텐도와의 제휴를 통해 일본 내 맥도날드 매장을 포켓몬 체육관이나 포켓스톱으로 변신해 포켓몬 고 유저들을 끌어 모은 것이다.

포켓몬 고와 일본 맥도날드의 성공적 협업 사례처럼 1 더하기 1이 2 이상의 효과를 얻을 수 있는 현상을 시너지라고 한다. 경제학에서는 시너지 효과를 범위의 경제 효과와 비슷한 현상으로 보고 있다. 범위의 경제 효과란 한 기업이 서로 다른 두 가지 이상의 제품을 생산할 때 드는 비용이 각 제품을 다른 기업들이 각각 생산할 때의 비용을 더했을 때보다 작은 경우에 발생하는 효과다. 이 효과가 발생한다면, 기업 간 M&A의 근거가 된다. 예를 들어 핸드폰을 생산하는 기업과 노트북을 생산하는 기업이 M&A를 실시한다면, 중복되는 원재료들이 많기 때문에 원자재 비용이 줄어들고 유통망이 중복되는 부분을 관리하며 효율성을 높일 수 있다.

이와는 반대로 그룹 내 기업들의 의견이 맞지 않거나 중복되는 사업 부분이 많다면 좋은 결과를 기대할 수 없다. 이러한 경우를 세너지 효과라고 표현한다. 세너지는 구분segment과 에너지energy의 합성어로 1 더하기 1이 2 이하의 효과를 가져온다는 뜻이다. 기업의 규모가 커지면서 기업 내 복잡성이 늘어날 때, 여러 직원들이 중복되는 업무를 하고 있을 때, 유사하지 않은 제품들을 같은 설비를 사용해 생산할 때 세너지 효과가 발생하기 쉽다.

시너지를 기대하며 M&A를 하거나 조직을 통합했더라도 간혹 세너지가 발생하는 경우가 있다. 글로벌 컨설팅 업체인 보스턴컨설팅그룹에 따르면, M&A를 실시한 기업들 중 50퍼센트 정도만이 시너지 효과를 이끌어 냈다고 한다. M&A를 시행하고 정착되는 시간을 고려했음에도 불구하고 상황이 좋아지지 않는다면, 이를 다시 분리하거나 매각하는 것도 방법이 될 수 있다.

공동 프로젝트의
성공을 높이는 방법

협업에서 목표 설정과 의사소통의 중요성

요즘 같은 융복합 시대에는 신제품 개발을 단일 조직이나 단일 기업이 홀로 수행하기란 쉽지 않다. 이에 서로 다른 기업들이 공동으로 개발 업무를 진행하는 경우가 많다. 하지만 불확실성이 많은 신제품 개발 과정을 함께 진행하려면 서로 익숙하지 않은 탓에 여러 가지 어려움에 부딪힐 수 있다. 신제품 개발을 위한 공동 프로젝트에서 성공하기 위해선 어떻게 해야 할까?

미국 웨인 대학교 팅팅 얀Tingting Yan 교수와 애리조나 주립대학교 케빈 둘리Kevin Dooley 교수는 기업 간 또는 프로젝트 단위의 협업의 성과를 결정짓는 요인에 대해서 의사소통 강도와 목표 일치라는 변수를 가지고 연구를 진행했다. 연구 결과, 설계의 질이나 설계의 효율성에서 목표 일치라는 요인이 성과에 긍정적인 영향을 미치고 있다고 조사됐다. 서로 다른 조직이라도 같은 목표의식을 가지면 협업에 성공할 수 있다는 것이다.

목표 일치 외에 다른 변수로 가정했던 의사소통 강도는 그 자체로 신제품 개발 프로젝트의 성과에 직접적으로 영향을 주지는 않았지만, 불확실성이라는 요소와 결합해 간접적으로 영향을 미쳤다. 해당 상품에 신기술이 많이 적용될수록, 상호 의존적인 업무가 늘어날수록, 동반자적인 관계가 잘 구축되지 않을수록, 의사소통의 강도는 신상품 프로젝트의 성과 개선에 더 많은 영향을 미쳤다. 반면, 목표 일치는 그 자체로 신제품 개발 프로젝트에 긍정적인 영향을 미치지만 불확실성이 높을 때에는 오히려 이러한 긍정적인 영향이 억제되는 결과를 보였다. 신제품에 불확실성이 높으면, 목표 일치만으로는 프로젝트 성과를 개선하는 데에 한계가 있다는 것이다.

공동 신제품을 개발하는 프로젝트에는 업무 관련 또는 관계의 불확실성이 높지 않을 때 해당 프로젝트의 목표에 대한 공감대를 잘 설정하는 것이 중요하다. 업무상의 상호 의존성이 늘어나면 의사소통을 보다 활성화하는 것이 공동 개발 프로젝트의 성과를 높인다. 만일 파트너 간 동반자적인 관계 형성이 아직 미흡하다면 프로젝트의 목표를 일치시키고 의사소통을 강화하는 두 가지 노력을 병행해야 한다.

파트너 간 동반자적인 관계 형성이 아직 미흡하다면
프로젝트의 목표를 일치시키고 의사소통을 강화하는
두 가지 노력을 병행해야 한다.

어떻게 상대를 설득할 것인가

단계적 요청 방법

누군가에게 어떤 부탁을 한다든지 다른 사람을 설득을 하는 일은 원래 쉽지 않지만 점점 더 어려운 일이 되고 있다. 그래서 많은 사람들은 "어떻게 상대를 설득할 것인가?"에 대해 고민한다. 단계적 요청 방법은 남을 설득하는 데 어려움을 겪는 이들의 고민을 줄여줄 수 있는 가장 기초적인 설득 방법이다.

단계적 요청 방법은 단계적 설득 이론 중의 하나로, 설득 메시지를 제시하는 순서를 통해 설득을 하는 방식이다. 다시 말하면, 상대에게 아주 작은 부탁을 하고 상대가 이 부탁에 응할 경우, 최종 목표가 되는 더 큰 부탁을 하면서 상대를 설득하는 방법이다. 이 방법으로 상대를 설득할 수 있는 이유는 부탁의 과정에서 개입이 발생하기 때문이다. 작은 요청이라도 일단 동의를 하면 그 일에 더 많은 개입을 한 상태가 되기 때문에, 이후의 요청에도 동의할 가능성이 높아진다. 자신이 승낙하는 행동을 바탕으로 자신의 태도를 스스로 정하는 자기지각 이론과도 비슷하다.

미국 캘리포니아 주의 주부들을 상대로 단계적 요청 방법을 사용해 실험을 한 적이 있다. 안전운전 촉진을 위한 입법 건의서에 서명하는 요청을 시작으로, 최종적으로는 안전운전과 관계없는 간판을 집 앞에 세우는 실험이었다.

처음에는 대부분의 주부들이 해당 건의서에 서명했다. 2주 후 건의서에 서명을 한 주부들에게 간판을 세우는 데 도움을 청하자 서명에 동의한 주부들 중 55퍼센트가 간판을 세우는 것에 동의했다. 반면 서명에 동의하지 않은 주부들의 경우 17퍼센트만이 간판을 세웠다. 이처럼 사전에 작은 요청에 동의를 한 경우, 그렇지 않은 경우에 비해 3배 이상의 성공률을 보인 것이다. 이처럼 설득은 하나의 프로세스와 같다. 한 번에 얻어지기 힘든 만큼, 조금씩 단계를 밟아 상대방을 설득하는 방법을 길러야 한다.

CONSUMER

욕구의 발견이
행동으로
이어지기까지

중간 가격의 메뉴가
저렴한 메뉴보다 더 잘 팔리는 이유

타협효과

야구를 좋아하는 직장인 A. 응원 팀의 유니폼을 구입하기 위해 유니폼 판매 사이트에 들어간 A는 선수용, 고급형, 일반형 유니폼 중 어떤 유니폼을 살지 고민한 끝에 11만 원의 선수용 유니폼보다 가격은 2만 원 저렴하지만, 일반형보다 3만 원 비싼 고급형 유니폼을 구매한다.

소비자가 충분한 정보를 갖지 못했을 때, 여러 선택지 중 양극단은 배제하고 '심리적으로 무난하다고 생각되는' 중간에 위치한 대안을 선택하는 경향을 타협효과compromise effect라고 한다. 품질이 높은지 모르겠지만 비싼 물건을 선택하면 실패할 가능성이 적을 것이라는 믿음과 품질이 낮다고 여겨지지만 가격이 저렴한 물건을 선택하면 실패해도 손실이 크지 않을 것이라는 믿음이 서로 타협해서 품질과 가격이 모두 중간 정도인 물건을 선택하게 되는 현상을 설명하는 단어다.

특급 호텔의 레스토랑과 같은 고급 식당은 타협효과를 적극적으로 활용한다. 고급 식당은 일반적으로 메뉴를 구성할 때 가격대 별로 세 가지 혹은 네 가지 메뉴를 구성한다. 이때 레스토랑 셰프의 주력 메뉴는 가장 비싼 메뉴나 가장 저렴한 메뉴가 아닌 중간 가격대의 메뉴다. 일반적으로 가격이 적당한 중간 메뉴가 식당을 이용하는 이들의 선호도가 가장 높기 때문이다.

한 연구에 따르면, 자신이 사용하는 물건을 선택할 때보다 다른 사람을 위한 선물을 고를 때 타협효과가 두드러진다는 결과가 나왔다. 선물을 받는 사람이 선물을 받고 만족할 수 있을지에 대한 불확실함 때문에 위험을 더욱 회피하는 경향이 늘어나기 때문이다.

타협효과는 정치 현상에서도 쉽게 발견할 수 있다. 선거 때마다 각 정당들이 내는 공약이나 정책을 살펴보면 크게 다르지 않다. 이는 각 정당들의 정치색이 극우나 극좌의 이미지를 갖게 되면 유권자들은 상대적으로 중도 정당에 표를 줄 확률이 높다고 생각하기 때문이다. 이에 모든 정당들은 시간이 지날수록 중도우파, 중도좌파의 이미지를 만들기 위해 노력한다.

타협효과는 서양보다는 동양권에서 더 두드러진다. 미국 콜롬비아 대학교의 마이클 모리스Michael Morris 교수는 다른 문화권의 사람들의 협상 사례를 연구했다. 그 결과, '중용의 미덕'을 강조해온 유교문화의 영향으로 동양권에서는 상대적으로 중간을 선택하려는 경향이 훨씬 강했다는 결과를 얻었다.

경영자의 입장에서는 타협효과를 이용해 자신들의 주력상품의 가격을 경쟁사 제품 가격의 중간 정도로 책정해 판매량을 늘릴 수 있다. 특히 소비자들이 상대적으로 정보를 갖기 어려운 시장의 경우라면 타협효과를 이용한 마케팅이 유리하게 작용할 수 있다. 반면 소비자들은 올바른 판단을 방해하는 타협효과를 없애기 위해서는 자신이 소비하려는 상품에 대한 정보를 충분히 얻어야 한다.

매장의 제일 좋은 곳에 가장 비싼 상품을 전시하는 이유

닻내림 효과

대형마트는 소비자의 구매를 유도하는 전략이 가장 많이 사용되는 곳 중 하나다. 카트를 끌고 매장을 돌아다닌 뒤 계산대 앞에 설 때, 애초에 계획했던 것보다 더 많은 상품을 고르고 금액을 결제하는 경험은 한 번쯤 해봤을 것이다. 이러한 현상을 설명해주는 용어가 바로 닻내림 효과anchoring effect다.

닻내림 효과는 배가 한 지점에 닻을 내리면 그 주변에서 벗어나지 못하는 것처럼 인간의 사고가 처음 입력된 이미지나 정보에 의해 이후의 판단과 의사결정에 영향을 받아 그 주변에서 크게 벗어나지 못하는 현상을 말한다. 정박효과라고도 불리는 닻내림 효과는 의사결정자의 여러 비합리적인 경제적 행동을 이해하는 데 도움을 준다. 인터넷 쇼핑을 할 때, 묶음 상품을 구매하거나 세일 품목을 구매할 때 의도했던 것보다 더 많이 구매하는 것도 닻내림 효과의 예다.

2012년에 있었던 페이스북을 둘러싼 논란 역시 닻내림 효과가 발생했다. 기업공개를 할 때 페이스북의 공모가는 38달러였다. 얼마 지나지 않아 주가가 하락했고 페이스북은 거품 논란에 휩싸였다. 페이스북의 실제 가치를 평가할 때 38달러보다 훨씬 높을 수도 있고 낮을 수도 있다. 하지만 대부분 사람들은 공모가인 38달러를 기준으로 생각한다. 이처럼 한 기업의 가치를 평가할 때는 공모가 등 눈에 보이는 정보에 현혹되지 말고, 근본적인 실적과 전망에 근거한 가치 판단이 중요하다.

　심리적 만족감이 중시되는 사치품의 소비에서는 주관적 가치 판단이 보다 중시된다. 이 경우 먼저 접한 상품의 가격이 뒤에 살 제품의 지불의사를 높이는 닻내림 효과가 나타날 수 있다. 고가의 제품들을 접한 경우에는 여전히 고가임에도 같은 매장의 상대적으로 낮은 가격의 명품에 대한 지불의사가 높아지기 때문이다. 이에 오프라인 매장이나 인터넷 쇼핑몰에서는 고가의 패션 아이템 등을 판매하기 위해 소비자의 지불의사를 높이는 상품 전시 기법을 다양하게 개발하고 있다.

　경영자의 입장에서는 소비자의 지불의사를 높일 수 있는 판매 환경을 조성하는 데 닻내림 효과를 적극적으로 활용할 필요가 있다. 반대로 소비자의 입장에서는 재화의 본질과 관계없는 정보에 현혹되지 말고, 재화의 본질적인 가치 평가에 집중할 필요가 있다. 빠른 직관에 의지하기보다는 느리더라도 이성적이고 합리적인 판단이 때론 중요하다.

NASDAQ WELCOM
FACEBOOK
NASDAQ LISTED [FB
MAY 18, 2012
facebook
NASDAQ

모든 선택에는
이유가 있다

이유 기반 선택

여자 친구에게 립스틱을 선물하려는 A. 하지만 다양한 색과 브랜드 때문에 어떤 립스틱을 골라야 할지 고민이다. 그래서 A는 주변의 여자 동료들에게 어떤 립스틱이 괜찮은지 물어본 뒤에 립스틱을 고르려고 한다. 조금 더 이유 있는 선택을 위해서다.

누군가에게 선물을 할 경우, 그 선물이 과연 받는 사람의 마음에 들 것인지 고민이 된다. 때문에 선물 선택에 많은 공을 들인다. 어떤 금액대가 좋을지, 어떤 브랜드의 제품을 고를지, 여러 번 생각한 끝에 결정을 내린다. 앞서 A가 주변 여자 동료들에게 조언을 구한 것도 이런 맥락에서다. A가 고른 립스틱을 여자 친구가 마음에 들어 하지 않을 수도 있다. 하지만 여자 동료들의 조언으로 인해 '많은 여성이 고른 립스틱'이라는 나름대로의 합당한 이유를 얻었다. 이처럼 여러 대안 중에서 하나를 선택하려면 그 선택에 대한 납득할 만한 이유가 필요하다. 합당한 이유가 있어야 그 선택을 합리화할 수 있기 때문이다. 이러한 경향을 이유 기반 선택이라고 한다.

이유 기반 선택은 행동경제학에 큰 영향을 미친 미국 프린스턴 대학교 심리학과 엘다 샤피르Eldar Shafir 교수와 스탠퍼드 대학의 이타마르 시몬슨Itamar Simonson 교수, 바바라 트버스키Barbara Tversky 교수가 소개한 개념이다. 이들은 물건 구입 과정에서 무엇을 살지 갈등이 줄어들고, 스스로의 선택을 합리화할 수 있는 충분한 이유가 있을 때 구입 의사가 증가한다는 것을 다음과 같은 실험을 통해 보여줬다.

상황 1) 99달러 소니 CD플레이어와 169달러 아이와 CD플레이어가
모두 정가보다 쌀 경우

소니 선택 27%, 아이와 선택 27%, 구입을 미룬다 46%

→ CD플레이어를 싸게 살 수 있지만
소니와 아이와 중 어느 것을 구입할지 갈등한다.

상황 2) 99달러 소니 CD플레이어만 세일하는 경우

소니 선택 66%, 아이와 선택 0%, 구입을 미룬다 24%

→ 성능이나 가격이 매력적인 제품을 살 수 있기에 갈등이 줄어든다.

상황 3) 아이와 CD플레이어만 109달러로 판매하는 경우

소니 선택 73%, 아이와 선택 3%, 구입을 미룬다 24%

→ 좋은 품질의 제품을 싸게 팔기 때문에 전체 구매가 증가했다.

소비자는 스스로의 선택을 합리화할 수 있는 충분한 이유가 있는 상황에서 구입 의사가 증가한다. 따라서 기업들은 소비자 입장에 서서 구매 결정에 필요한 이유를 생각해봐야 한다. 물론 소비자마다 자신의 구매 결정을 합리화하는 이유가 다 같지는 않을 것이다. 그렇기 때문에 기업 입장에서는 더 많은 소비자가 공감할 수 있는 이유를 제시할 수 있도록 노력해야 한다.

소비자는 어떻게 물건을 구매하는가

소비자 구매의사결정 과정

우리는 매일 재화와 서비스를 구매한다. 출근하기 위해 버스나 지하철을 이용하는 것도, 사무실 근처 식당에서 점심을 먹는 것도 서비스 구매 행위다. 이렇게 상품을 구매할 때 우리의 머릿속에서는 어떠한 프로세스가 진행되고 있을까? 상품을 구매할 때마다 무의식적으로 작용해 우리에게 최선의 선택을 돕는 프로세스가 있다. 이를 체계화 한 것이 바로 소비자 구매의사결정 과정이다. 소비자의 구매의사결정 과정은 다음과 같이 크게 다섯 단계로 나눌 수 있다.

소비자 구매의사결정 과정 5단계

1단계 욕구인식 : 자신이 '원하는 상태'와 '현재 상태'를 비교하고,

그 차이만큼의 욕구를 인식하는 단계

2단계 **정보탐색** : 인식한 문제를 해결할 수 있는 여러 대안들을 찾는 단계

3단계 **대안평가** : 탐색한 대안들을 각 속성과 그 중요도 별로 점수를 매기는 단계

4단계 **구매** : 평가한 대안들을 기반으로 구매하는 단계

5단계 **구매 후 행동** : 구매 후, 해당 상품에 대한 만족, 불만족 등의

감정을 표현하는 단계

소비자 구매의사결정 과정은 각 소비자가 처한 맥락, 즉 관여도에 따라 어떤 과정은 생략될 수도 어떤 과정은 강조될 수도 있다. 관여도는 특정 제품이 고객 자신에게 얼마나 중요한지 지각하는 정도를 의미한다. 만약 자동차처럼 자신에게 중요하고 비교적 고가인 관여도가 높은 상품인 경우에는 정보탐색 단계를 비교적 길게 가져가고, 신중한 대안평가 단계를 가지게 된다. 반대로 목이 마를 때 마시는 음료수를 사는 관여도가 낮은 경우에는 정보탐색과 대안평가 단계는 거의 없는 듯 진행된다.

경영자에게도 소비자 구매의사결정 과정은 여러 시사점을 제공한다. 앞서 설명한 다섯 단계 중 경영자가 소비자에게 영향을 끼칠 수 있는 단계는 정보탐색, 대안평가, 구매 후 행동, 이 세 가지 단계다. 이를 소비자의 욕구인식 단계와 결합시키기 위해서는 소비자들이 정보를 탐색할 때 기업의 상품이 쉽게 노출될 수 있게 해야 한다. 그리고 대안평가에 자신의 상품이 소비자가 고려하는 상품군에 들어갈 수 있도록 해야 한다. 마지막으로 구매 후 행동을 관리하기 위해 고객 만족도 조사 등을 시행해야 한다.

완벽한 제품보다
서비스 회복이 중요하다

063

서비스 회복 패러독스

아무리 뛰어난 제품과 서비스를 제공하는 기업이라 해도 고객들의 불만이 전혀 없을 수는 없다. 이때 제기한 불만이 잘 해소된 고객은 문제를 전혀 경험하지 않은 고객보다 더 큰 행복을 느낀다. 이런 현상을 서비스 회복 패러독스service recovery paradox 라고 한다.

다시 말해, 서비스 실패 후에 서비스 회복을 경험한 고객의 만족도는 실제로 어떠한 문제도 경험해보지 못했던 고객의 만족도보다 더 높다는 것이다. 이러한 서비스 회복 패러독스는 서비스 실패에 대한 종업원의 적절한 대처가 실수 그 자체보다 고객의 만족지수를 더 많이 좌우한다는 것에 기초하고 있다. 실제로 KS-SQI(한국서비스품질지수) 결과에 따르면, 서비스 회복 결과에 만족한 고객은 불만을 경험하지 않은 고객보다 더 높은 만족도를 나타냈다.

세계적인 운송 업체인 UPS와 페덱스Fedex는 이 서비스 회복 패러독스 때문에 엇갈린 운명을 맞이한 적이 있다. UPS는 많은 자원을 투입하며 운송 프로세스를 혁신해 운송 산업에서 제일 가는 기업이 되고자 노력했다. 고객 서비스에 대해서도 꾸준히 강조하면서 저렴한 운송료에 물건이 정시에 배송될 수 있도록 했다. 하지만 자신들이 고객들과의 약속을 지키지 못할 경우 어떻게 할 것인가에 대해서는 치밀한 계획이 없었다. 반면 페덱스는 정시에 화물이 도착하지 못할 가능성을 감안하고, 화물 추적 시스템을 통해 30분마다 진행 상황을 점검할 수 있도록 했다. 그 결과, UPS는 물건이 정시에 배달되지 못해 고객들이 불만을 제기할 때 효과적인 대응을 하지 못했던 반면, 페덱스는 정시에 도착하는 화물의 비율이 낮더라도 화물 추적 시스템을 기반으로 고객들의 불만에 효과적으로 대응할 수 있었다. 이런 효과적인 서비스 회복 프로세스를 가지고 있었던 페덱스는 UPS와의 경쟁에서 앞서 나갔다. 이와 반대로 UPS는 뛰어난 운송 시스템을 가지고 있었음에도 서비스 회복을 위해 많은 투자를 할 수밖에 없었다.

효과적인 서비스 회복을 위해서는 고객의 불만을 미리 알아내고, 첫 대면을 신속하고 감성적으로 해야 한다. 그리고 접수된 불만은 공정하게 처리하고, 차별화된 불만 관리를 시행해야 한다.

고객에게 어떤 경험을 제공할 것인가

고객경험관리

연간 800회 이상의 연주회가 열리는 카네기 홀. 카네기 홀이 뉴욕 최고의 콘서트 홀로 자리매김하는 데에는 철저한 고객 경험 관리가 있었다. 처음 방문한 관객에게 친밀감을 주기 위해 공연 막간 문화시설을 이용하게 하고 음악회 이전, 중간, 끝난 후의 시점마다 설문을 통해 고객의 경험을 추적한다.

스타벅스를 전 세계적인 커피전문점으로 키운 하워드 슐츠 CEO는 "스타벅스는 또 하나의 거대한 점포망이 아닌 훌륭한 경험"이라고 말한 바 있다. 이처럼 스타벅스의 막대한 성장 동력은 고객 경험에 중심을 두고 있다. 많은 기업들이 적극적으로 스타벅스처럼 고객 경험을 이용해 차별화된 서비스를 제공하기 위해 고객경험관리 customer experience mangement , CEM 이론을 적용하고 있다.

CEM은 미국 컬럼비아 비즈니스 스쿨의 번트 슈미트Bernd Schmitt 교수가 그의 저서 《CRM을 넘어 CEM으로》에서 처음 소개했다. CEM은 제품이나 회사에 대한 고객의 전반적인 경험을 전략적으로 관리하는 프로세스로, 전략인 동시에 과정과 실행에 중점을 두는 고객 만족 개념이다. 기업에게는 모든 접점에서 고객과 관계를 맺고, 각기 다른 고객 경험 요소를 서로 통합해주고, 고객에게는 감동적인 경험을 갖도록 해 기업 가치에 대한 고객의 충성을 유발시키고자 하는 목적을 갖는다. CEM은 일반적으로 다음의 다섯 단계로 구성한다.

CEM의 다섯 단계 전략
1단계 소비자의 경험 세계(환경) 분석
2단계 고객의 경험적 기반 확립
3단계 제품 로고나 광고와 같은 다양한 매체를 통해 통일된 경험적 메시지 전달
4단계 일관성 있는 고객 경험 제공을 위한 다양한 상황에서의 고객 인터페이스 설계
5단계 끊임없는 혁신

앞서 언급했듯 글로벌 선도 기업들은 이미 고객 경험의 중요성을 깨닫고 총체적인 고객경험관리를 통해 차별화된 서비스를 제공하고 있다. 대표적인 예가 디즈니랜드다. 디즈니랜드는 모든 접점의 고객 경험을 총체적으로 관리해, 고객들에게 차별화되고 의미 있는 경험을 제공하는 데 최선을 다하고 있다. 디즈니랜드는 스스

로를 '이매지니어Imagineer'라고 부르는데 이는 고객에게 의미 있는 경험을 제공하는 데 집중하는 창의력 집단이라는 의미를 갖고 있다. 테마파크의 특성상 인기 어트랙션에는 대기시간이 있게 마련인데, 관악대 등을 통해 기분전환을 시켜주면서 대기시간의 지루함을 덜 수 있게 했으며, 패스트패스fastpass 제도를 도입해 다른 어트랙션을 먼저 즐긴 후 다시 돌아와서 예약된 어트랙션을 탈 수 있게 하는 방식 등은 고객의 만족을 극대화하는 디즈니랜드만의 남다른 경험을 제공하는 전략이다.

고객경험관리의 중요성은 아무리 강조해도 지나침이 없다. 특히 SNS의 발달로 고객이 자신이 경험한 서비스를 블로그, 카페, 페이스북, 트위터, 인스타그램 등을 이용해 서로 공유하는 시대다. 기업의 이미지, 만족도, 서비스와 관련된 고객의 경험 관리는 더 이상 놓쳐서 안 될 부분이다.

만족도가 높은 서비스를
구현하려면

서브퀄

 구입한 제품이나 서비스의 가치가 자신이 지불한 가격에 비해 못하다고 생각될 때, 소비자들은 대부분 그 제품이나 서비스의 품질이 좋지 않은 것으로 인식한다. 그리고 이후에는 같은 상품을 구매하지 않는다. 그렇기 때문에 공급자나 판매자 입장에서는 해당 제품이나 서비스가 시장에서 어떤 평가를 받고 있는지 파악하는 일이 중요하다. 그런데 눈에 보이는 제품과 달리 서비스는 눈에 보이지 않는다. 그렇다면 서비스의 품질은 어떻게 평가할 수 있을까?

 가장 대표적인 방법이 서브퀄SERVQUAL이다. 1985년 발라리에 제이스말 Valarie Zeithaml, 파라수라만 A. Parasuraman, 레오나드 베리 Leonard Berry 교수가 서비스 품질을 측정하고 평가하기 위해 개발한 방법이다. 서비스의 특성을 고려해 서비스를 제공받기 전의 기대와 서비스 소비 후의 지각을 비교하여 나타내는 서브퀄은 고객만족 연구에서 주로 다루어지는 기대불일치 패러다임에 토대를 둔다. 이들은 10개의 서비스 품질 속성을 중심으로 97개의 세부측정 항목을 개발한 후, 서비스를 실증적인 자료조사와 통계 분석 그리고 검증 과정을 통해 다음과 같은 다섯 가지 속성으로 요약했다.

서비스의 다섯 가지 속성

유형성 tangibility 서비스 평가를 위한 외형적인 단서

신뢰성 responsiveness 고객에 대한 신속하고 즉각적인 서비스를 제공하려는 의지

확신성 assurance 믿고 의지할 수 있는 직원의 지식과 능력

공감성 empathy 고객에게 서비스를 제공하려는 배려와 관심

응답성 responsiveness 고객의 문의나 요구에 대한 즉시적인 응답

서브퀄 모형의 개발 이후 이를 토대로 건강 산업에서부터 교육 산업까지 광범위한 연구들이 진행되어 왔다. 적용되는 산업에 따라 수정, 확대가 이루어졌고, 일부에서는 방법론에 대한 비판이 제기되기도 했으나, 여전히 서비스 품질 측정에 널리 사용되고 있다. 우리나라의 경우, 한 번씩 들어봤을 서비스만족지수, 한국서비스품질지수(KS-SQI) 등이 서브퀄 모형을 토대로 만들어진 지표다. 서비스만족지수란 서비스 경영을 추구하는 산업 전반의 서비스 품질에 대한 고객만족의 정도를 나타내는 종합 지표로, 서브퀄과 고객만족도(CS)를 결합해 개발된 심사 기준표다. 한국서비스품질지수역시 서브퀄 모델의 다섯 가지 속성을 바탕으로 한국의 소비자 성

향과 서비스 산업의 특성을 반영해 개발한 모형이다.

　이처럼 공급자는 얼마나 팔았는지에 대한 결과만 주시할 것이 아니라 판매 이후에 실제 평가가 어떤지에 대해서도 끊임없이 관심을 가져야 한다. 서브퀄은 고객의 서비스 품질에 대한 기대와 지각 간의 격차를 항목과 서비스 차원별로 분석할 수 있게 만들어준다. 이에 기업이 서비스 품질 개선을 위해 노력해야 할 항목을 명확히 하는 데 일차적으로 활용할 수 있다. 기업은 소비자의 기대와 지각의 차이를 통해 자사와 경쟁사 간의 서비스 품질 비교, 고객 세분화 등 다양한 방식으로 활용이 가능하다.

경쟁사의 낮은 가격
어떻게 대응할까

가격전쟁

같은 상품이라면 가장 저렴한 것을 구매하는 것이 소비자의 특성이다. 해외여행을 계획할 때 숙소 예약 사이트에 들어가 가장 저렴한 곳을 찾고, 생필품을 구매할 때도 동네 시장의 마트와 대형마트의 상품 가격을 비교해 더 저렴한 것을 선택한다. 이처럼 낮은 가격은 소비자를 유인하는 요인 중 하나다.

좋은 상품을 저렴한 가격으로 판매한다는 콘셉트의 대형마트는 소비자의 발길을 돌리기 위해 치열한 가격전쟁을 벌이는 곳이다. 다른 마트보다 비싼 가격이면 차액을 쿠폰으로 돌려주거나 차액만큼 사은품을 주는 등 대형마트 간의 가격전쟁은 현재도 계속 진행 중이다.

일반적으로 한 동종업체가 가격전쟁을 시작했을 때, 다른 업체는 다음과 같은 네 가지 대처 단계를 거치며 가격전쟁에 들어간다.

전쟁회피 → 비가격 대응 → 가격 대응 → 가격전쟁

전쟁회피는 4C* 분석을 통해 최대한 가격전쟁을 피하는 데에 목적이 있다. 4C 전략을 통해 최대한 전쟁을 회피하고자 했는데도 가격전쟁 조짐이 보이면, 그때에는 일단 비가격 대응을 한다. 비가격 대응은 회사의 전략적 대응 의도를 노출시키는 것으로 최저가 보상제가 대표적이다. 제품 고급화, 차별화 등 품질 경쟁도 비가격 대

---

* 4C는 Customer(고객), Competitor(경쟁자), Company(회사), Contributor(공헌자)를 의미한다.

응의 예다. 비가격 대응으로도 어렵다면 그다음 단계인 가격 대응에 들어간다. 복잡한 가격제도를 도입하고, 번들링, 수량 할인, 경쟁사의 시장에 다른 가격의 신상품을 출시하는 것이 가격 대응의 예다. 가격 대응도 어려울 경우 가격전쟁에 돌입한다.

업체 입장에서는 가격전쟁이 달갑지 않다. 소비자 입장에서도 장기적으로는 좋지만은 않다. 가격전쟁이 벌어지는 초기에는 소비자들에게 분명 좋은 구매 기회가 될 수 있다. 하지만 전쟁의 결과로 경쟁 업체들이 하나둘씩 사라진다면, 살아남은 업체의 독점으로 인해 구매자들에게 피해가 미칠 수 있기 때문이다. 또한 회사의 입장 역시 전쟁에서 이긴다 하더라도 득보다 실이 많다. 따라서 기업은 가격 경쟁이 전쟁으로까지 치닫지 않기 위한 다양한 대응 방안을 항상 준비할 필요가 있다.

CONSUMER
067 제조업과 서비스는
통합이 가능할까

제품-서비스 시스템

최근 제품을 개선해주는 것을 뛰어넘어 제품 대신 서비스를 공급하는 '제품-서비스 시스템'이라는 새로운 형태의 상품이 많이 출시되고 있다. 한국타이어의 T스테이션이 대표적이다. T스테이션은 단순히 타이어를 판매하거나 교체해주는 것에 그치지 않고 자동차 안전 진단 등 다양한 서비스를 제공한다. 이 T스테이션 서비스가 시행된 이후, 한국타이어의 시장 점유율은 금액 기준으로 40퍼센트에서 54퍼센트로 뛰어 올랐다.

이렇게 T스테이션과 같은 제품-서비스 시스템Product-Service Systems, PSS이 등장할 수 있는 것은 IT의 발달로 제품과 서비스를 하나로 엮는 제반시설 구축이 용이해졌기 때문이다. 소비자들 또한 기존의 제조과정보다는 제품 기획이나 제품 관련 서비스를 추가하는 쪽에 가치를 두는 경향이 늘고 있다. 이처럼 소비자의 성향이 제품 소유보다는 사용 경험을 기반으로 한 서비스 중심으로 옮겨 가고 있기에 제품-서비스 시스템은 더욱 늘어날 전망이다.

제품-서비스 시스템의 종류에는 제품 중심 시스템, 사용 중심 시스템, 결과 중심 시스템 등 세 가지가 있다. 제품 중심 시스템은 제품에 유지, 보수, 관리, 사용자화, 재활용과 같은 다양한 서비스를 더해 소비자 가치를 향상시키는 방법이다. 사용 중심 시스템은 말 그대로 리스나 공유를 통해 소유하지 않고 필요할 때 활용할 수 있는 권리를 파는 방식이다. 결과 중심 시스템은 제품이 아닌 결과나 역량을 사전 합의된 수준에 맞게 제공하는 방식이다. 이러한 제품 서비스 시스템의 종류에 따라 소비자와의 계약이나 운영 전략들을 창의적으로 제공하는 기업들이 늘고 있다.

제품-서비스 시스템은 서비스의 유연한 속성상 다양한 제품과 품질 향상을 기대할 수 있다. 또한 관리나 모니터링의 부담을 소비자가 지지 않아도 되는 장점이 있다. 특히 선진국 시장의 제조 기업들에게 새로운 가치창출의 기회를 주고 있다.

하지만 급격한 서비스 요소의 비중 증가는 고객이 문화적으로 준비가 되어 있어야 효과를 더욱 극대화 할 수 있다. 또한 제품-서비스 시스템에 관련된 기업들이 잘 협업할 준비가 되어 있는지 먼저 체크해야 한다. 실제로 한 연구에 따르면 제품-서비스 시스템은 스칸디나비아나 네덜란드, 스위스와 같이 공동체 의식이 강한 나라들에서 잘 받아들여진다고 한다.

한번 고객을
영원한 고객으로

자의 기반 메커니즘, 구속 기반 메커니즘

독자 A는 한 인터넷 서점에서 책을 구매하면서 고민했다. 원하는 책을 구매할 때 다른 책을 한 권 더 구매하면 자신의 마음에 쏙 드는 굿즈를 받을 수 있기 때문이다. 책과 굿즈를 함께 받은 A. 옆자리 동료에게 웃으며 말한다. "굿즈를 샀더니 사은품으로 책이 왔네."

최근 국내 인터넷 서점들은 각 서점의 특성에 맞는 다양한 사은품을 제공하며 계속해서 자신의 서점에서 책을 구매하도록 유인하고 있다. 모바일 플랫폼 경쟁도 다르지 않다. 애플의 iOS와 구글의 안드로이드는 양쪽 모두 더 많은 고객이 지속적으로 자신들의 모바일 플랫폼에 유입하도록 유도하고 있다. 그렇다면 고객이 해당 제품과 브랜드를 지속적으로 사용할 것인지 어떻게 알 수 있을까?
애플의 iOS와 구글의 안드로이드를 중심으로한 모바일 플랫폼 경쟁이 갈수록 치열해지고 있다. 폐쇄성을 특징으로 한 애플의 모바일 플랫폼과 개방성이 특징인 구글의 모바일 플랫폼은 방식은 다르지만 양쪽 모두 더 많은 고객이 지속적으로 자신들의 모바일 플랫폼에 유입하도록 유도하고 있다. 그렇다면 고객이 해당 제품과 브랜드를 지속적으로 사용할 것인지 어떻게 알 수 있을까?

1997년 미국 오하이오 주립대의 닐리 벤다푸디Neeli Bendapudi와 레오나드 베리 교수는 고객 관점의 관계 유지 모델 두 가지를 제시했다. 바로 자의dedication 기반 메커니즘과 구속constraint 기반 메커니즘이다. 자의 기반 메커니즘은 해당 기술이나 서비스를 경험한 고객이 만족을 느껴 지속적으로 사용 의도를 갖게 되는 것을 의미한다. 구속 기반 메커니즘은 해당 기술이나 서비스에 익숙해지기 위해 투자한 비용과 시간으로 인한 전환비용 때문에 지속 사용 의도를 갖는 것이다.

2013년《한국IT서비스학회지》에서 발표한 스마트폰에 대한 연구에서는 자의 기반 메커니즘과 구속 기반 메커니즘이 모두 확인된 바 있다. 스마트폰이 일상생활, 학업, 업무 등에 도움이 된다는 유용성과 사용이 쉽다는 용이성이 스마트폰을 구매한 고객의 만족도에 긍정적인 영향을 미쳤다. 또한 현재 사용하는 스마트폰 플랫폼에 익숙해졌기에 다른 플랫폼의 스마트폰으로 바꾸고 싶지 않다는 반응을 보였다.

이 연구 결과는 기존 고객을 유지하고 더 많은 신규 고객을 확보하는 데 어떤 전략을 사용해야 하는지 잘 보여주고 있다. 다시 말하면 자사의 기술이나 서비스에 대해 고객이 더 큰 만족을 느낄 수 있게 하고, 이에 익숙하게 만들어 다른 기술이나 서비스로 전환하는 데 드는 비용을 커지게 만들면 고객을 더 많이 확보할 수 있다는 것이다. 스타트 업을 시도하는 이들이라면 이 두 가지 메커니즘을 함께 고려하는 소비자 전략을 세울 필요가 있다.

MARKETING

모바일 시대에 필요한
마케팅은 무엇일까

에프팩터

최근 트위터, 페이스북, 인스타그램 같은 SNS나 블로그를 통해 구축된 인맥과 빠른 전파력은 소비자의 구매 결정에 큰 요인으로 작용하고 있다. 이러한 트렌드를 표현하는 마케팅 신조어로 에프팩터F-Factor가 있다.

에프팩터에서 에프F는 친구Friends (페이스북), 팬Fans (블로그 혹은 유튜브), 팔로워Follwers (트위터) 등의 머리글자에서 따온 것으로, 에프팩터는 페이스북, 트위터, 유튜브 같은 소셜미디어뿐 아니라 인터넷 웹페이지 또는 블로그와 같은 인터넷 공간에서 형성되는 사람과 사람의 관계를 말한다.

전 세계 휴대폰 사용자 중 절반에 달하는 25억 명이 스마트폰을 사용하는 등 스마트폰의 사용이 일상화되고, 컴퓨터 없이도 모바일을 통해 소셜미디어를 통한 개인 간의 교류가 증가하면서 에프팩터는 더욱 강력한 사회·문화적 요소로 자리 잡는 추세다. 개인의 일상적인 소비 경험이나 욕구를 다른 사람과 공유하는 사회적 소비social consumption도 에프팩터와 결합해 한 번의 '좋아요' 터치만으로 빠르게 전 세계 수많은 사람에게 전달될 수 있게 되었다.

에프팩터가 강화되면서 많은 기업들이 자사의 제품을 페이스북, 트위터 등을 연동해 다양한 홍보 활동을 벌이고 있다. 이러한 활동은 소비자에게 좋은 평가를 받는 동시에 반응이 높은 제품을 출시하거나 이벤트가 있을 때 다른 유저에게도 쉽게 전파돼 홍보 효과가 크다. 온라인 쇼핑몰은 단순한 쇼핑 사이트를 넘어 구매 상품에 대한 칭찬 또는 비판의 장으로 발전하고 있으며, 스타벅스는 이벤트나 판촉 행사가 있을 경우 페이스북 페이지를 통해 대중에 공개하는 방법을 사용하고 있다.

개인의 생각과 경험이 빠른 속도로 전파돼 유행과 소비 패턴에도 영향을 끼치는 에프팩터 마케팅 전략은 저렴한 비용으로 빠르게 효과를 볼 수 있는 장점을 갖고 있어 적극적으로 고려할 필요가 있다. 특히 브랜드 파워가 미약한 신제품이나 중소기업 제품의 시장 진입에 효과적인 마케팅 수단이 될 것이다.

백화점의 VIP 고객은
어떻게 정해지는가

RFM 분석

　백화점에서는 단순히 구매 금액만으로 VIP 고객을 선정하지 않는다. 혼수와 예물을 마련하기 위해 한번에 많은 금액을 사용했다고 해서 이 구매자가 바로 VIP로 등록되지는 않는다. 축적된 고객 정보를 분석해 이를 바탕으로 VIP를 선정하는데, 이때 사용되는 고객 데이터 분석 기법이 바로 RFM이다.

　RFM은 최근성recency, 빈도frequency, 금전적 가치monetary value의 약자로, RFM 분석은 이 세 가지 측정 항목을 기업이 정한 기준에 맞추어 점수를 부여하고 고객들을 판별한다.

　최근성은 고객이 제품을 구매한 날로부터 얼마만큼의 시간이 경과했는지를 측정하는 것으로, 일반적으로 가까운 기일에 제품을 구매한 고객이 오래전에 제품을 구매한 고객보다 높은 점수를 얻게 된다. 빈도는 정해진 기간 내에 고객이 얼마나 자주 제품을 구매했는지에 관한 항목이다. 만약 기업이 5년을 정해진 기간으로 했다면, 그 5년 동안 제품을 많이 구매한 고객에게 가산점을 주는 형식이다. 금전적 가치는 고객들이 한 번 이용할 때 평균적으로 얼마만큼의 금액을 사용했는지를 판단하는 항목이다. 당연히 많은 금액을 사용한 고객들이 높은 점수를 받게 된다.

RFM은 고객이 자사 상품을 얼마나 최근에 얼마나 자주 얼마나 많이 구매했는지, 매장이라면 얼마나 최근에 얼마나 자주 방문해 얼마나 많이 물건을 구매했는지를 가장 기본적인 분석만으로 예측 모델을 만드는 방법이다. 이 RFM 분석은 기업별 혹은 제품군 별로 다양하게 설정할 수 있다.

최근 빅데이터가 산업 전체의 화두가 되고 있다. 하지만 빅데이터가 정보로 변환될 수 있을지, 혹은 방대한 양의 쓸모없는 숫자가 될지는 데이터의 분석 능력에 달려 있다. RFM 분석은 고객 데이터 분석의 기초를 제공한다. 동시에 굉장히 단순해 쉽게 설계할 수 있고, 직관적으로 판단할 수 있는 좋은 방법이다.

필립 코틀러의 마케팅 원칙

마케팅 믹스

기업은 자신의 제품을 판매하기 위해 마케팅 전략을 세운다. 이 마케팅 전략에 기초해서 자신들이 관리할 수 있는 항목들인 마케팅 믹스marketing mix를 만들고, 시장에서 다른 제품들과 본격적인 경쟁을 시작한다. 이때 기업에서 결정하거나 관리할 수 있는 마케팅의 4가지 항목을 4P 믹스라고 한다.

마케팅 4P 믹스는 1960년대 하버드 대학교의 제롬 맥카시Jerome McCarthy 교수가 제안하고, 필립 코틀러Philip Kotler가 자신의 저서에 이를 언급하며 널리 알려졌다. 여기서 마케팅 4P 믹스는 제품product, 가격price, 촉진promotion, 장소place다.

첫 번째 믹스인 제품은 기업이 만들어내는 재화나 서비스를 의미한다. 마케팅 믹스의 관점에서 본다면 기업이 만든 재화나 서비스가 고객들의 선택을 받기 위해서는 우선 고객들의 욕구를 파악하고, 다른 경쟁 상품들과 어떤 방식으로 차별화되는지가 매우 중요하다. 두 번째 믹스인 가격은 소비자가 재화를 구매하기 위해서 지불하는 가치다. 제품의 차별화가 힘들어지거나, 제품 자체가 진부하다고 생각되는 경우 가격을 경쟁력 있게 설정하여 제품을 판매해야 한다. 세 번째 믹스인 촉진은 광고나 다양한 PR 등 홍보 촉진활동을 의미한다. 네 번째 믹스인 장소는 재화나 서비스를 판매하는 장소와 시간을 의미한다. 고객이 원하는 시간에, 고객이 원하는 장소에 도달하게 하는 방법을 총칭한다.

마케팅 4P 믹스는 고전적인 마케팅 개념으로 실제 거의 모든 기업들이 신제품을 내놓기 전에 실시하고 있다. 기본적인 4P 믹스에 최근에는 다양한 믹스가 덧붙여져 마케팅 믹스의 개념이 확장됐다. 1980년대 서비스 업종의 성장이 두드러지자 4P 믹스만으로는 이들의 마케팅 믹스를 설명하기에 한계가 있었기 때문이다. 이에 버나드 붐스Bernard H. Booms와 메리 비트너Mary J. Bitner는 서비스 업종에 적용되는 새로운 마케팅 3P 믹스를 제안한다. 사람people, 절차process, 물적 증거Physical evidence다.

새롭게 추가된 3P 믹스 중 사람은 서비스 제공자와 고객들을 의미한다. 특히 고객과의 접점에서 직접 서비스를 제공하는 현장 종업원의 역할이 매우 중요하다. 이는 제품을 생산하는 생산자가 고객과 직접 접촉할 수 없는 제조업의 특성과는 반대된다. 여기서 고객은 서비스 품질을 인식할 때 같은 서비스를 이용하는 다른 고객에 의해서도 영향을 받기 때문에 고객들도 서비스 믹스에 포함되는 것이다. 두 번째 믹스 중 절차는 서비스 제공자가 고객에게 서비스를 제공할 때 기업에서 정해놓은 정책이나 절차를 의미한다. 고객이 은행에 업무를 보기 위하여 방문을 했을 때 해당 종업원의 업무 수행 절차나 고객이 번호표를 뽑고 기다리다가 업무를 보는 절차 등이 대표적인 예다. 세 번째 믹스인 물적 증거는 서비스를 제공할 때 이를 지원하는 장비와 시설 그리고 그에 따른 배치 등을 의미한다. 고객이 업무를 볼 때 사용하는 ATM이나 은행원이 사용하는 컴퓨터 그리고 통장 등이 예다.

앞에서 설명한 7가지 마케팅 믹스는 재화나 서비스를 판매하는 데 있어 먼저 선행되어야 할 요소들이다. 고객의 수요와 욕구를 파악하고, 이를 충족시키는 방향으로 마케팅 믹스를 설계해 판매량을 높이는 것이 마케팅 7P 믹스의 궁극적인 목표다. 이를 위해서 기업은 3C 분석과 SWOT 분석을 바탕으로 효과적인 마케팅 믹스를 만들어야 한다.

어플리케이션이
푸시 알림을 보내는 이유

푸시 시스템, 풀 시스템

스마트폰을 사용할 때 어플리케이션의 설치가 끝나면, "푸시 알림을 받으시겠습니까?"라는 문구가 나타난다. 이 질문에 "네"라고 답하면, 어플리케이션은 다양한 정보를 빠르게 사용자에게 전달해준다. 이렇게 어플리케이션을 비롯해 다양한 모바일 콘텐츠 덕분에 한결 익숙해진 푸시 시스템push system은 알고 보면 오래전부터 사용되어온 대표적인 생산 운영관리 방법 중 하나다.

푸시 시스템은 수요를 예측해 고객의 요구가 있기 전에 적정량의 재고를 확보하는 생산방식이다. 결혼식과 같은 행사가 있을 때 하객의 수를 예측해 주방에서 미리 당일 필요한 만큼 음식을 준비하는 방식이 대표적이다. 앞서 언급한 것처럼 푸시 시스템을 가장 많이 활용하고 있는 것은 모바일 어플리케이션이다. 그중에서도 쇼핑이나 멤버십 어플리케이션 등은 사용자의 스마트폰에 쿠폰이나 마일리지, 할인 서비스 등을 텍스트나 이미지로 제작해서 바로 사용할 수 있도록 전달한다. 특히 멤버십 어플리케이션의 경우 고객의 위치 정보나 구매 데이터베이스를 기반으로 고객의 특성을 파악해 그에 맞는 정보를 제공해 매장 방문율을 높이고 구매를 유도한다.

반면 풀 시스템pull system은 고객의 수요가 발생하면 제품이나 서비스를 생산하는 방식으로, 주문이 들어간 뒤에 코스별 식사를 제공하는 최고급 레스토랑이 이에 해당된다. 풀 시스템은 푸시 방식의 작업 흐름에 존재하는 비효율성을 제거해 반복성이 높은 프로세스와 잘 정리된 작업 흐름으로 표준화된 제품을 생산해 작업장의 재고와 산출물을 정교하게 통제한다. 도요타의 저스트 인 타임이 대표적인 풀 시스템이다. 풀 시스템으로 성공을 거둔 또 다른 사례로는 인텔이 있다. 인텔은 B2B기업이지만 직접 소비자에게 광고를 함으로써, PC제조사들이 고객의 요구에 따라 인텔 CPU를 쓰도록 유도한다. 이렇듯 풀 시스템은 제조업체가 최종소비자를 상대로 적극적인 판촉활동을 펼침으로써 결국 소비자가 자사 제품을 찾도록 유도해 중간상들이 자발적으로 자사 제품을 취급하게 만든다.

마케팅적으로는 푸시 방식보다는 풀 방식이 고객들에게 좀 더 세련되고 반감이 덜 하다. 하지만 푸시 방식은 고객에게 맞춤 정보를 더욱 효율적이고 단기간에 제공할 수 있는 이점이 있다. 기업은 이러한 두 방식의 특성을 고려해 자사에 맞는 마케팅 기법을 잘 활용해야 한다.

고객의 생각을
어떻게 읽어낼 수 있을까

뉴로마케팅

2009년 4월, 기아자동차는 새로 출시할 자동차의 이름을 해외 고급 자동차 브랜드에서 주로 사용되는 알파뉴메릭alphanumeric* 방식으로 지으려는 계획을 세웠다. 그리고 신제품에 가장 잘 어울리는 알파벳과 숫자의 조합을 찾기 위해 카이스트KAIST 바이오및뇌공학과의 브레인 다이나믹스brain dynamics 연구실과 함께 프로젝트를 진행했다. 국내외 200여 명을 대상으로 단어 연상, 시각 추적eye-tracking, fMRI(기능성 자기공명 영상장치) 측정 등 다양한 방식으로 뇌 반응을 추적, 그 결과 'K7'이라는 이름을 찾아냈다.

뇌가 상품을 어떻게 인식하고 어떻게 받아들이는지를 찾아 이를

---

* 알파벳(alphabet)과 숫자(number)를 조합해 제품의 이름을 짓는 방식이다.

마케팅에 활용할 수 있다면, 기업과 마케터에게는 이보다 반가운 일이 없을 것이다. '소비자들은 왜 이 물건을 살까', '그들에겐 어떤 광고가 기억에 남을까', '어떻게 하면 더 많이 팔 수 있을까'라는 고민을 쉽게 해결해줄 수 있기 때문이다. 최근 이러한 고민을 해결하는 마케팅 기법이 개발되어 실제로 적용되고 있다. 바로 뉴로마케팅neuromarketing이다.

뉴로마케팅은 급속하게 발전하고 있는 뇌신경과학neuroscience과 마케팅을 결합한 단어로 소비자 연구의 새로운 방법으로 주목 받고 있다. 전통적 선호도 조사인 설문조사나 인터뷰는 소비자들이 자신도 알지 못하는 무의식을 통해 제품을 선호하고 선택하는 것까지 파악할 수 없다는 한계가 있었다. 미국 하버드 대학 잘트만Zaltman 교수는 소비자의 구매 결정 과정의 상당 부분은 의식 수준 이하의 정보처리 과정에 의해 좌우되며, 소비자가 가진 구매 욕구의 95퍼센트 이상이 무의식 영역에 있다고 주장했다. 무의식을 신경전달물질을 통해 파악, 이 결과를 이용해 마케팅 전략을 수립하는 것이 뉴로마케팅이다.

앞서 소개한 기아자동차의 사례처럼 뉴로마케팅을 활용해 성과를 거둔 기업이 늘어나고 있지만, 그 한계도 뚜렷하다. 고가의 장비와 전문가의 데이터 분석력이 필요하고, 개인의 생체학 반응을 수집한다는 점에서 윤리적인 문제가 제기되기도 한다. 또한 무의식적인 반응은 소비자가 제품을 선택하는 수많은 이유 중 하나일 뿐이기에 뉴로마케팅이 소비자의 심리를 완전히 분석하는 유일한 방법이 될 수는 없다. 이러한 한계가 있음에도 마케팅 영역에 있어서 뉴로마케팅의 영향력이 더욱 커지고 있다는 사실은 무시할 수 없다. 뇌 영상 기술의 발달과 동시에 뇌신경과학과 다양한 학문의 융합이 지속적으로 늘어나고 있기 때문이다. 인간의 뇌는 아직 연구해야 할 부분이 무궁무진하다. 뉴로마케팅이 소비 심리를 과학적으로 해석하고 성공적인 마케팅 수단으로 자리매김하기까지는 앞으로도 끊임없는 연구가 이뤄져야 할 것이다.

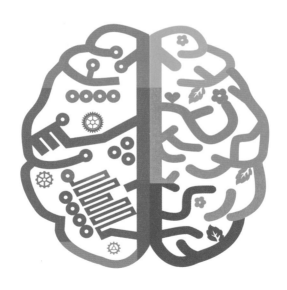

긍정적인 브랜드 이미지를 만들기 위해서는?

페르소나 마케팅

　심리학 용어인 페르소나persona는 겉으로 드러난 외적 성격을 가리키는 말로, 상황에 따라서 유연하게 성격이 변하는 심리를 나타낸다. 회사에서는 점잖고 신중한 성격의 사람이 친구들과의 술자리에서는 천진난만한 사람이 되거나, 집에서는 다정한 아빠가 회사에서는 엄격한 상사가 되는 등 페르소나가 다양한 것은 인간의 본성이다.

　하나의 유기체라고 할 수 있는 기업도 유사하다. 기업은 여러 활동을 통해 고객과 관계를 맺으면서 기업의 이미지가 생겨나는데, 이는 그 자체로 기업의 가치를 올리는 역할을 한다. 따라서 고객에게 비치는 기업의 모습이 중요하다. 이에 최근 각 기업들은 자신의 브랜드 이미지를 상황에 따라 다양한 페르소나로 선보인다.

　미국의 광고회사 투 디멘션스Two Dimensions의 창업자 데릭 리 암스

트롱Derek Lee Armstrong은 브랜드의 페르소나를 다음과 같이 다섯 가지로 분류한다.

브랜드의 다섯 가지 페르소나

황제 페르소나: 산업을 대표하는 브랜드 이미지 (예- 코카콜라, 맥도널드)

영웅 페르소나: 해당 산업을 이끄는 영웅의 이미지 (예- '스티브 잡스'의 애플)

전문가 페르소나: 전문가로서의 신뢰를 구축하는 이미지 (예- 뉴욕타임즈 베스트셀러)

친구 페르소나: 친절하고 공평한 태도로 고객에게 신뢰와 존경을 얻는 이미지
(예- 디즈니랜드)

카멜레온 페르소나: 상황에 맞는 적절한 말과 행동을 제시하는 이미지
(예- 버락 오바마 미국 대통령)

잘 짜인 페르소나 마케팅 계획은 기업의 성장에 가속도를 붙이고 쇠퇴하던 브랜드에 활기를 불어넣을 수 있다. 여기서 유념할 것은 한 가지 순수한 페르소나를 가지려 해서는 안 된다는 것이다. 시장 환경이 변하면 기존의 페르소나가 오히려 불필요해질 수도 있다. 페르소나 마케팅에서 가장 중요한 것은 상황 변화에 맞춰 유연하게 대응하는 자세다.

기업은 해당 기업의 브랜드 이미지 관리 외에도, 신제품 개발과 전략적인 마케팅 전략을 수립하기 위해 페르소나 마케팅을 사용한다. 새로운 제품이나 서비스를 개발할 때, 고객의 욕구와 시장 환경 예측을 위해 실제 사용자 자료를 바탕으로 새로운 페르소나를 만

들어 하나의 고객 모델을 만든다. 페르소나를 이용한 사용자 연구의 방식은 소프트웨어 개발, 가전제품 개발에서 주로 사용된다. 이렇게 만들어진 페르소나는 마케팅 전략을 수립할 때 가장 기초적인 자료로 이용되고 있다.

밸런타인데이에
초콜릿을 파는 이유는?

의식의 마케팅적 활용

밸런타인데이의 초콜릿, 화이트데이의 사탕, 빼빼로데이의 빼빼로. 업계의 상술이라는 것을 알면서도, 많은 소비자들은 꼭 치러야 할 의식처럼 이날들을 보내곤 한다. 생일날 케이크에 초를 꽂고 불을 끄는 것도 관습적으로 하고 있는 의식 중 하나다. 이처럼 우리는 소비생활 중에 여러 의식들을 곁들이고 있다. 이러한 의례들이 목적이나 기능이 없다고 볼 수 있지만, 상황에 따라서는 긍정적인 기능이 있다고 믿는 경우도 생긴다. 식사 관련 의례가 많이 발달되어 있는 프랑스 사람들이 편식을 덜 하는 이유 중 하나가 바로 식사의 관습 때문이라는 이유도 있다.

의례는 소비 행위 그 자체의 효용을 더 높이기도 한다. 미네소타 대학교와 하버드 대학교에서는 공동으로 의식과 소비 행위에 관한 연구를 실시했다. 초콜릿을 먹을 때 한 광고에서처럼 껍질을 까기 전에 반으로 쪼갠 다음 먹게 한 집단과 그냥 먹게 한 집단과의 비교 연구에서 초콜릿을 쪼갠 다음 먹은 집단이 그냥 먹은 집단에 비해 초콜릿을 더 맛있게 먹고, 향후 초콜릿을 사려는 의사도 높았고, 더 많은 초콜릿을 구매하는 경향을 보였다. 의례를 수행하면, 소비 행위에 뭔가 의미가 더해지며 소비에 대한 흥미를 더 느낀다는 것을 밝혀낸 것이다.

의례에 관한 부분은 음식점이나 간식, 음료, 주류 등 판매에 이미 활발히 활용되고 있다. 고깃집이나 횟집에서 식사 전에 각종 채소, 해초는 물론 식당이 자체적으로 제작한 소스 등을 곁들여 먹는 법을 손님들에게 가르쳐 주는 것이나, 특정 과자를 먹는 다양한 방법을 재밌게 홍보해 이를 따라하게 만들며 과자를 구매하게 만드는 행위들이 대표적이다. 패션 업계에서도 의류나 액세서리 등을 다양하게 착용하는 방법을 제시하며 유행을 만들기도 한다.

학교나 기업에서 특정 의례를 치르게 하면 조직의 충성도를 높이는 데 도움이 되기도 한다. 이처럼 의례는 상품이나 서비스의 마케팅에도 활용할 수 있고, 조직 운영에도 효율적으로 활용될 수 있다.

MARKETING 076 기업이 적극적으로 기부 활동을 하는 이유는?

코즈 마케팅

1984년, 미국의 카드사 아메리칸익스프레스는 고객이 카드를 사용할 때마다 1센트, 신규로 가입할 때마다 1달러의 성금을 기부해 뉴욕에 있는 자유의 여신상 복원에 사용할 것을 약속했다. 미국의 상징과도 같은 자유의 여신상 보수에 소비자들은 뜨거운 반응을 보였다. 이 캠페인 기간 동안 아메리칸익스프레스카드의 신규 고객은 17퍼센트가 증가했고, 카드 사용량은 27퍼센트가 늘어났다. 총 170만 달러에 달하는 기금을 마련한 아메리칸익스프레스의 기업 홍보 효과는 그 이상이었다.

언제부턴가 '착한 구매', '착한 기업'이라는 문구를 종종 접하곤 한다. 여기서 말하는 '착한'의 의미는 다양하지만 주로 소비자가 상품이나 서비스를 구매할 때마다 수익의 일정 부분을 적립해 기부나 사회공헌 활동에 쓰일 때 일반적으로 '착한 구매', '착한 기업' 이라고 표현한다. 앞서 소개한 아메리칸익스프레스처럼 기업의 영리활동과 기업의 사회적 책임corporate social responsibility, CSR을 결합해 소비자의 구매를 기부와 연결시키는 마케팅을 코즈 마케팅cause marketing이라고 한다. 아메리칸익스프레스의 코즈 마케팅 사례는 대표적인 첫 사례다.

전 세계적으로 기업의 사회적 책임이 더욱 중요해지면서 코즈 마케팅은 확산되고 있다. 일방적인 기부나 봉사가 아닌 주로 기업의 사익과 사회가 추구하는 공익과의 접점을 취하는 방식으로 이뤄진다. 사회적인 문제들을 해결하려는 기업의 노력이 긍정적인 이미지로 이어지고, 이것이 소비자들의 제품 구매에 영향을 미치는 것이다.

2011년 미국 하버드 대학의 마이클 포터Michael Porter 교수와 마크 크레이머Mark Kramer 교수는 《하버드 비즈니스 리뷰》를 통해 공유가치 창출creating shared value, CSV이라는 개념을 제시했다. 이는 기업의 존재 목적이 단순한 이윤 창출이 아닌 경제적 가치와 사회적 가치를 동시에 창출하는 쪽으로 바뀌어야 한다는 것으로, 코즈 마케팅은 이러한 공유가치 창출을 위한 하나의 마케팅적 방법론으로서 다시 주목받고 있다.

최근 가장 적극적으로 코즈 마케팅을 활용해 성공을 거둔 기업은 패션 신발 업체 탐스 슈즈다. 탐스 슈즈의 매장 앞에는 큼직하게 '원 포 원one for one' 이는 문구가 있다. 탐스 슈즈는 한 켤레의 신발을 팔 때마다 한 켤레의 신발을 맨발의 어린이들에게 기부하는 새로운 형식의 마케팅을 펼쳤다. 편안한 착화감과 독특한 디자인으로 유행을 선도하는 동시에 소비자가 신발을 구매함으로써 어려운 환경의 아이들에게 신발을 보내는 '착한 일'에 동참하고 있다는 자부심을 심어주어 구매에 더욱 큰 만족감을 줬다. 아모레퍼시픽도 코즈 마케팅을 펼치고 있다. 아모레퍼시픽은 지난 2005년부터 매년 핑크리본 스페셜 에디션 제품을 한정 출시해 해당 제품 판매 금액의 3퍼센트를 유방암 재단에 기부하고 있다.

기업 이미지도 좋아지고 수익에도 긍정적인 영향을 끼치다 보니 코즈 마케팅을 펼치는 기업들이 늘고 있다. 하지만 고객들의 착해지고 싶은 욕구를 포착해 단순히 이윤만을 늘리려는 의미로 코즈 마케팅을 이용하면 오히려 역효과를 낼 수 있다. 기업은 보다 장기적인 관점에서 사회적 책임을 다하고자 하는 능동적인 모습을 보여줄 필요가 있다. 그래야 소비자에게 신뢰와 긍정적인 이미지를 구축하고 이를 계속 유지할 수 있다.

전통적 마케팅의 한계, 어떻게 극복할 수 있을까

통합적 마케팅 커뮤니케이션

방송이나 신문에 맛집으로 소개가 되면, 그 다음 날에는 식당 앞의 줄이 길게 늘어난다. 지금도 많은 음식점 출입문에는 각종 매체에 소개된 집임을 알리는 문구들이 빼곡하게 붙어 있다. 하지만 이와 관련된 프로그램이 늘면서 신뢰도가 떨어지고, 언론의 파급력이 줄어들었기 때문에 방송이나 신문에 나왔다고 식당의 매출이 급격히 늘어나는 경우는 드물다. 소비자가 접하는 마케팅 채널이 방송, 신문 이외에도 무수하게 많기 때문이다. 이럴 때일수록 단일한 마케팅보다는 통합적 마케팅이 필요하다.

통합적 마케팅 커뮤니케이션inergrated marketing communication, IMC은 광고, DM, PR 등 다양한 커뮤니케이션 수단들의 전략적 역할을 비교·검토하고, 명료하고 정확하게 최적의 커뮤니케이션 효과를 거둘 수 있도록 이를 통합하는 총괄적인 계획 수립 과정이다. 앞서 언급했듯 광고 이외의 프로모션 활동의 중요성이 늘어나고, 소비자와 매체 시장의 세분화 현상이 나타나고 있으며, 데이터베이스 마케팅의 등장으로 고객들과 개별적인 관계 구축이 절실해졌기 때문에 그 중요성이 커지고 있다.

강력하고 통일된 브랜드 이미지를 구축하는 것이 통합적 마케팅 커뮤니케이션의 목표다. 소비자를 구매 행동으로 이끌기 위해 광고와 같은 단일 커뮤니케이션 수단 외에 타깃 고객들에게 효과적으로 도달할 수 있는 매체나 접촉 수단을 적극적으로 활용하는 방식으로 프로세스가 진행된다.

이를 가장 효과적으로 사용한 사례로 레바논을 들 수 있다. 2003

년, 불법 복제품이 많은 레바논은 이 문제를 해결하고 복제품이 레바논 문화의 일부라는 대내외적 인식을 개선하고자 '브랜드 프로텍션 그룹'을 설립해 다양한 매체를 활용한 캠페인을 벌였다. "당신과 가장 가까운 것조차 무엇이든 가짜일 수 있다"는 카피를 만들어 이를 TV쇼, 라디오, 광고, 소셜미디어, 오프라인 등 다양한 채널을 통해 알리며 불법복제품을 부각시키고 불쾌함을 각인시켰다. 기존에 잘 알려진 신문의 이름을 바꿔서 내보내기도 하고, 쇼핑몰에서 다른 사람을 따라 하는 행동을 하면서 이것이 얼마나 기분 나쁜 것인지를 부각하거나, 뉴스 앵커를 생김새가 비슷한 사람으로 바꾸는 등 일관된 메시지를 다양한 매체를 통해 알렸다. 이런 통합적 마케팅 커뮤니케이션을 통해 레바논 국민의 약 92퍼센트에게 메시지를 전달했고, 레바논은 복제품 국가라는 부정적 이미지도 벗을 수 있었다.

레바논의 사례처럼 통합적 마케팅 커뮤니케이션은 기업뿐 아니라 국가 이미지 재고에도 큰 도움을 준다. 통합적 마케팅 커뮤니케이션이라 하면 얼핏 여러 매체에 홍보하는 것이라는 인식이 강하지만, 실제로는 단순한 홍보 활동에 그치지 않는다. 여러 매체를 통해 일관된 메시지를 전달하면서 소비자들에게 제품을 특정 브랜드의 이미지로 인지시키고 긍정적 태도를 만들어낼 수 있다. 고객 개개인에게 접촉할 수 있는 루트가 점점 많아지는 현재의 환경에서 이를 잘 활용하면 성공적인 브랜드 포지셔닝을 도울 수 있다.

소비자의 만족을
높이기 위한 방법은?

결정적 사건 기술법

가족들과 함께 맛집으로 소문난 식당에 찾아간 A. 소문대로 음식은 맛있었지만 비좁은 주차 공간으로 식사 도중 차를 빼주러 여러 번 일어나야 했고, 사람이 많아 식당도 너무 북적이는 등 모처럼의 가족 외식에서 좋지 않은 기억만 가지고 집으로 돌아왔다. 그날 이후, A는 이 식당에 가는 대신 맛이 약간 떨어지더라도 편하고 서비스 좋은 집 근처 음식점에서 가족 외식을 한다.

사람은 커다란 사건이나 사고를 겪고 나면 오랫동안 그 일을 잊지 못한다. 제품이나 서비스를 구매할 때도 아주 좋았던 기억이나 아주 나빴던 기억을 보다 더 의미 있게 여기고 반영하는 특성이 있다. 앞서 소개한 A처럼 결정적인 사건은 소비자가 해당 제품을 구매하는 데 커다란 영향을 미친다. 이러한 심리적 특정을 분석해 제품과 서비스의 개발과 판매에 활용할 수 있는 방법이 있다. 바로 결정적 사건 기술법critical incident technique, CIT이다.

결정적 사건 기술법은 소비자의 행동 양식에 영향을 끼친 결정적인 사건들을 관찰하고 정보를 취득하는 일련의 과정이다. 이에 핵심 사건 조사기법이라고도 불린다. 소비자나 인터뷰에 참여한 사람들의 좋았던 혹은 나빴던 경험을 듣는 방식으로 진행되는데, 개별 소비자 각각의 사건들을 종합해 같은 해결책을 가진 하나의 문제로 정리가 되면, 이를 바탕으로 제품이나 서비스를 개선한다. 결정적 사건 기술법은 다음 네 단계로 진행된다.

결정적 사건 기술법의 네 가지 단계
1) 사건에 대한 검토
2) 리서치 대상자로부터 구체적 사실 정보 확인
3) 문제에 대한 정의 및 분류
4) 문제 해결을 위한 대안 개발
5) 문제 해결 여부의 정확한 평가

결정적 사건 기술법은 작은 식당에서 단골이 떨어져나가는 이유를 찾는 것에서부터 수백억 원의 개발비가 들어가는 최신 전자 제품의 개발에 대한 방향을 설정하는 것까지, 상품이나 서비스 개발에서 운영상의 문제 해결까지 가능한 전천후 리서치 기법이다. 또한 다른 마케팅 리서치에 비해 쉬운 방법으로 리서치를 심도 있게 발전시킬 수 있기에 잘 해결되기 힘든 문제의 개선점도 보다 쉽게 찾을 수 있다.

　하지만 소비자의 정보를 취득하는 과정에서 대상의 개별적이고 주관적인 기억에 주로 의존하기에, 문제에 대한 정의와 분류 과정에서 오류가 발생할 소지가 많고, 어느 정도 시간이 흐른 경우 주관성과 편파적 기억이 더욱 심해질 수 있다는 단점이 있다. 이러한 점을 보완해 고객의 의견을 듣는다면 판매자의 입장에서는 보다 더 좋은 제품, 소비자를 더 만족시키는 서비스를 제공할 수 있을 것이다.

코카콜라는 어떻게
고객의 사랑을 얻는가?

러브마크 이펙트

2011년, 코카콜라는 브랜드 런칭 125주년을 기념해 교통 체증이 가장 많이 발생하는 콜롬비아 보고타의 한 도로에서 러시아워에 대형 스크린을 설치해 영화를 상영하고, 250ml 코카콜라와 팝콘, 핫도그, 나쵸를 무료로 자동차 운전자와 동승객에게 제공하는 이벤트를 열었다. 코카콜라의 깜짝 이벤트를 직접 체험한 사람은 183,332명. 그러나 이이벤트는 SNS를 통해 전 세계 약 250만 명에게 노출되었다. 코카콜라가 전 세계를 대표하는 음료로 자리매김한 것은 이렇게 독창적인 방식으로 소비자의 마음을 얻으려 하기 때문이다.

코카콜라처럼 소비자의 많은 사랑을 받는 브랜드를 러브마크lovemark라고 한다. 물건만 파는 게 아니라, 소비자의 충성스러운 마음을 얻은 브랜드라는 뜻이다. 러브마크는 영국의 광고회사

사치앤사치 Saatch&Saatch CEO 케빈 로버츠 Kevin Roberts 가 처음으로 소개한 개념으로, 기업이 고객의 가슴 속에 최고로 남으려면 '사랑 love 처럼 깊은 자국 mark '을 남겨야 한다는 취지에서 한 말이다. 한 브랜드가 계속 살아남기 위해서는 소비자들과 이성이 아닌 감성으로 연결돼야 한다는 뜻이기도 하다. 고객과 브랜드 사이에 러브마크가 생기게 되면 앞서 소개한 코카콜라의 사례처럼 깊은 충성심을 가진 무한한 고객들을 만들어낼 수 있다.

한 글로벌 치약 브랜드는 중국 진출 이후 계속되는 매출 부진으로 심각한 고민에 빠진 적이 있다. 다양한 방법을 시도한 끝에 이 브랜드는 결국 중국 최고의 치약 브랜드로 도약할 수 있었다. 치약의 효과, 기능에 대해 이야기 하지 않고 하얀 이를 드러낸 사람들의 모습과 함께 '중국을 자신 있게 웃게 합니다'라는 슬로건으로 '웃음'을 이야기한 뒤였다. 브랜드의 특성이나 제품을 홍보하는 것이 아닌 중국인들과 진심으로 공감할 수 있는 이야기를 한 것이다.

청바지로 유명한 한 브랜드도 러브마크 마케팅을 잘 활용하는 브랜드 중 하나다. 이 브랜드는 제품을 판매하는 것이 아니라 제품이 창출하는 감성을 판다. 소비자의 신뢰를 얻기 위해서 소비자에게 가까이 다가가려고 노력하면서도 소비자의 관심을 유지하기 위해서 신비주의 전략도 사용한다. 외부에 제품 조사나 마케팅을 의뢰하지 않고, 소비자와 공감하기 위해서 직접 대화 창구를 여러 개 열며, 패션쇼와 파티에 소비자를 초청하고 의류를 선물해 고객에게 신상품을 가장 먼저 접해볼 기회를 제공한다. 그러면서도 절대 소비자들에게 자사 제품을 사라고 강요하거나 통제하지도 않아 더 주목 받는다. 이 업체는 소비자와의 관계가 연인 같다고 생각하기 때문에 과감한 러브마크 마케팅을 실행한다.

소품종 대량생산의 시대가 지난 지 오래다. 다품종 생산의 시장 환경에서도 기술적인 우위만으로는 고객의 욕구를 일부밖에 채우지 못하는 상황이다. 여기에 더해 고객들은 점차 재화와 서비스의 구입을 통해 감성적인 만족을 얻고자 한다. 쇼핑의 단계 중 대안 평가의 단계에서는 이성적인 우뇌의 작용이 앞서지만, 최종 구매 단계에서는 감성적인 좌뇌의 작용이 우선한다는 연구 결과가 있다. 이는 고객들로부터 러브마크를 획득하지 못한 브랜드는 치열한 경쟁에서 점점 더 살아남기 어렵다는 점을 시사해준다.

어떤 광고가 소비자의 관심을 사로잡는가

선택적 지각

마케팅의 아버지로 불리는 필립 코틀러 교수는 그의 저서 《마케팅 원리》에서, 사람은 하루에 1500개의 광고를 보면 그중 70개만을 지각하고, 또 10여 개만을 기억한다고 말한 바 있다. 아무리 많은 양의 광고를 보더라도 소비자에게 인식되는 양은 한정적이다. 사람들이 자신에게 필요한 정보만 선택적으로 지각하기 때문이다.

일반적으로 소비자들은 광고와 같은 자극을 받게 되면 정보처리 과정을 거치게 된다. 정보처리 과정은 노출, 주의, 지각, 태도, 기억 등 다섯 단계로 이루어진다. 이 중 지각은 소비자가 정보의 내용에 의미를 부여해 자극의 내용을 이해하게 되는 과정을 의미한다. 소비자들은 정보를 효율적으로 기억하기 위해 자신에게 필요한 정보만을 선택적으로 지각하게 되는 것이다.

선택적 지각에는 선택적 주의, 선택적 왜곡, 선택적 기억이 있다.

선택적 주의는 자신이 노출된 자극 중 자신과 관련이 있거나 흥미가 있는 내용에만 주의를 기울이는 것이다. 선택적 왜곡은 받아들인 정보를 자신이 원래 가지고 있던 신념에 맞춰 해석하는 경향이다. 선택적 기억은 앞의 두 과정을 거쳐 선택적으로 받아들여진 정보를 가지고 자신의 신념이나 태도를 지지하는 정보만을 보유하려는 현상을 말한다.

자동차를 구매하기로 마음을 먹은 직장인 A에게는 자동차 광고가 딱히 늘어나지 않았음에도 다른 광고들보다 유독 자동차 광고가 눈에 띌 것이다. 또한 구매하려는 자동차의 모델이 정해져 있다면, 그다음부터는 그 자동차에 대한 여러 가지 장단점을 접하게 되더라도 장점에 관한 사항만을 듣게 되는 경향이 생겨난다. 이는 인지부조화*를 없애기 위한 선택적 왜곡현상으로, 이렇게 자신의 신념에 맞게 왜곡된 정보는 A의 선택적 기억으로 남게 된다.

어떤 광고는 아예 소비자들을 분류해 구체적으로 타깃을 정하기도 한다. '60대 어르신들이 가장 많이 찾는 병원'과 같은 카피를 넣은 광고다. 60대가 아닌 소비자들에게는 크게 주의를 기울일 필요가 없지만, 60대 소비자들에게는 이러한 문구가 자신의 상황을 특정하기 때문에 선택적으로 주의를 기울일 확률이 높아진다.

정보의 홍수 시대라고 불리는 지금, 선택적 지각은 자신에게 필요한 정보만을 기억할 수 있도록 하는 효율적인 프로세스다. 하지

---

* 자신의 선택을 정당화하기 위해 한번 선택하면 단점보다는 장점을 찾으려는 성향을 말한다.

만 소비자 입장에서는 선택적 왜곡 현상을 조심할 필요가 있다. 인지부조화를 없애기 위해 자신의 신념에 맞게 정보를 개개인에 따라 다르게 받아들이면, 정보의 본질 자체를 심하게 왜곡시킬 수 있기 때문이다. 광고를 보더라도 이를 객관적으로 받아들여야 정보의 왜곡을 막을 수 있다.

CRISIS

위기관리 전략

위기를
재도약의 계기로
만들기 위해

브라질 땅콩에서 찾은 위기관리 방법

자기 조직화 임계성

알갱이로 이루어진 물질은 일반적으로 알갱이들 스스로 분리되는 현상이 일어난다. 이러한 현상을 '브라질 땅콩 효과'라고 한다. 브라질 땅콩 효과란 크기가 다른 여러 종류의 땅콩이 들어 있는 땅콩 믹스 캔의 뚜껑을 열어보면, 항상 가장 큰 크기의 브라질 땅콩이 맨 위로 올라와 있는 데서 붙여진 이름이다.

덴마크 물리학자 퍼 백Per Bak은 모래 알갱이 연구를 통해 자기 조직화 임계성Self-Organized Criticality을 발견했다. 모래 알갱이를 평면에 천천히 떨어트리면 모래 알갱이는 일정한 기울기를 가질 때까지 계속 쌓이다가 이 기울기가 더 급해지면 무너져 내려 항상 일정한 기울기를 가지게 된다. 이때 모래 더미처럼 모래 알갱이에는 없는 새로운 질서가 나타나는데 이러한 현상을 '자기 조직화'라고 한다. 또한 모래 더미가 일정한 각도 이상이 되면 모래 한 알에 의해서도 무너져내리는데, 이처럼 사소한 자극에도 무너져내리는 민감 상태를 '임계상태'라고 한다.

자기 조직화 임계성을 활용하는 사례는 우리 주변에서도 종종 발견할 수 있다. 지진, 주가폭락과 같은 재앙에 대한 예측에서부터 산불 진압, 산사태 예방과 같은 자연재해의 대처까지 폭넓게 사용되고 있다.

일반적으로 지진, 화산 폭발은 오랜 세월 동안 발생하지 않은 곳에서 재발할 가능성이 높다고 생각하는 경우가 많다. 하지만 자주 발생한 곳이야말로 임계상태가 높은 곳이므로 지진 또는 화산 폭발이 일어날 확률이 더 높다.

1998년 미국 옐로우스톤 국립공원에서 산불이 났을 때, 네 달 동안 이를 꺼뜨리지 않았다. 산림이 오래되고 수목이 많아지면, 산불에 취약한 늙은 나무도 많아지고 숲이 사소한 화재에도 민감하게 반응하는 임계상태에 도달한다. 이에 사소한 산불까지 초기에 진화해버리면 오히려 대형 산불이 일어날 가능성이 더 크다고 판단했기 때문이었다.

기업도 작은 타격에는 쉽게 버티지만 누적되어 어느 한계 이상이 되면 무너지고 만다. 스키장에서 대형 눈사태를 막기 위해 작은 눈사태를 일으키는 것처럼 최근 많은 기업들도 회사의 각 부분들이 스스로 환경변화에 능동적으로 대응할 수 있도록 조직을 구성하고 있다. 이를 '자기 조직화 경영'이라고 부른다. 자기 조직화 경영은 소규모 조직을 통해 유연성을 높이고, 수평적 조직을 통해 내부 소통을 원활하게 하는 것이 특징이다. 이처럼 자기 조직화 경영은 그 어느 때보다 불확실한 상황에 놓인 우리에게 가장 필요한 경영 전략 중 하나다.

위기에 빠진 기업이
다시 살아나는 방법은?

회생전략

모든 기업은 백년기업을 목표로 한다. 하지만 소비자의 선택을 받지 못하거나 과도한 부채 비율, 성장 둔화, 구조적인 문제 등에 직면해 재무 상황이 악화되면 언제든 부도 위험에 처하게 된다. 한 글로벌 구조조정 컨설팅 기업은 국내 상장기업의 17퍼센트가 도산 위험에 노출되어 있다고 분석하기도 했다. 그렇다면 위기에 몰린 기업이 회생을 위해 사용할 수 있는 방법에는 어떤 것들이 있을까?

먼저 강도 높은 구조조정을 해야 한다. 기업 자산에 우선 소유권을 가진 채권단의 신뢰를 얻기 위해서는 자산을 매각하거나 사업을 축소하는 등 경영정상화에 대한 의지를 보여주는 것이 회생 절차의 시작이다. 이러한 의지를 보여주는 다른 방법으로는 재무구조개선 약정이 있다. 채권은행들의 개입이 가능한 재무구조개선 약정은 자율협약에 비해 채권은행의 개입 정도가 낮지만, 해당 기업은 구조조정 계획을 채권은행에 약속하고 이를 이행하는 의무를 져야 한다. 자율협약은 일시적인 유동성 위기로 기업이 흑자도산*하는 것을 막기 위해 채권단이 시행하는 기업지원 정책이다. 자율협약이 시행되면 주 채권금융기관의 주도로 유동화 채권은 물론 기존 대출의 만기가 1년까지 연장된다. 현재 은행과 보험사, 증권사, 일부 저축은행이 자율협약에 가입되어 있다.

재무구조개선 약정, 자율협약, 구조조정 등 외부 개입이 낮은 방법으로도 위기가 해결되지 않을 경우, 개입의 정도가 더욱 커지는 워크아웃work out과 법정관리에 들어가게 된다. 워크아웃은 다른 말로 기업개선 작업이라고도 부르는데, 경영난으로 파산 위기에 처한 기업이 채권단 주도 하에 시행하는 회생 작업을 의미한다. 경영이 부실해진 기업 중 회생할 가능성이 있는 기업을 대상으로 인력감축, 자산 매각 등 자구노력을 전제로 채권단이 채무상환 유예 및 감면 등 재무개선 조치를 취한다.

법정관리는 법원 주도로 부실기업을 회생시키는 방법이다. 법원의 결정에 따라 부도 기업이 법정관리 기업으로 결정되면 부도를 낸 기업주의 민사상 처벌이 면제되고 모든 채무가 동결되면서 채권자는 그만큼 채권행사의 기회를 제약받는다. 그리고 법원에서 지정한 제3자가 자금을 비롯한 기업 활동 전반을 대신 관리하게 된다. 일례로 지난 2008년 미국 정부는 금융위기 이후 어려움을 겪은

---

* 일반적인 기업의 도산과는 달리, 얼핏 보기에는 기업의 재무제표에 이상이 없어 보이지만 자금의 흐름이 어려워져 부도가 나 도산하는 경우를 말한다.

자국의 자동차 산업을 지키기 위해 GM과 크라이슬러에 620억 달러에 달하는 구제금융을 지원했다. 그러나 미국 정부는 지원에만 그치지 않고 직접 기업 경영에 개입해 직접 자동차 노조와 협상을 벌이며 임금 삭감, 인력 구조조정에 관여했다.

부실기업에는 강도 높은 구조조정과 적극적인 외부 개입이 이루어질 수밖에 없다. 회사의 도산은 임직원과 주주 및 채권단을 비롯해 국가와 사회에 큰 영향을 끼치게 때문이다. 따라서 여러 이해관계자들에 의해 다양한 회생전략이 취해진다. 이 과정에서 부실의 원인을 정확히 제거하고 핵심 역량은 유지해야 한다. 이것이 기업의 장기적인 경쟁력을 다시 높일 수 있는 최선의 방법이다.

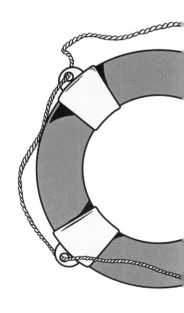

위기관리 기법은
어떻게 진화하고 있나

전사적 리스크 관리

환율의 불확실성은 수출기업에 큰 손해를 끼치는 요소다. 시장수요를 잘못 예측하거나 환율의 변화에 빠르게 대응하지 못하면 신제품 개발비용의 손실로 이어질 수 있다. 기업들은 이런 불확실성으로 인한 리스크를 관리하기 위해 지속적으로 노력해왔으며, 리스크를 관리하는 방법 역시 시간이 흘러감에 따라 계속 진화했다.

제조업 중심의 경제가 지배했던 1970~1980년대의 리스크 관리는 소위 '방어적 관리'의 개념이 강했다. 사고 발생 시 손실을 최소화 하는 것을 목표로 하는 보험, 헤징* 그리고 자산부채종합관리asset liability management, ALM**가 주를 이뤘다. 1990년대에 들어서는 기업 성과의 변동성을 최소화하기 위해 기업 내부 시스템 강화에 초점을 맞췄다. 그리고 2000년대 이후에는 전사적 리스크 관리enterprise risk management, ERM가 등장했다.

전사적 리스크 관리는 경영 환경의 변화를 지속적으로 모니터링하면서 손실이 발생하기 전에 막는 것을 목표로 한다. 이를 위해 리스크의 사전 관리와 리스크 포트폴리오를 통한 통합 관리를 실행한다.

독일의 화학기업 바스프BASF는 전사적 리스크 관리를 효과적으

---

* 가격변동으로 인한 손실을 막기 위해 실시하는 금융 거래 행위이다.
** 금융기관이 장래에 발생할 수 있는 금리·환율의 변동성과 유동성 위험을 최대한 줄이고, 안정적인 수익 유지와 수익 증대를 위해 자산(asset)과 부채(liability)의 비율을 종합적으로 관리하는 기법을 말한다.

로 활용한 예다. 바스프는 기업 내 리스크를 관리하는 조기경보시스템을 구축해 리스크 요인이 일정 수준에 도달하면 통제활동을 수행한다. 만약 리스크가 현실화 되었을 경우, 조기경보시스템에 구축된 절차에 따라 해당 리스크에 대한 대응 활동을 시작하고, 위기를 넘긴 후에는 사후 관리에 들어가 리스크를 과거, 현재, 미래의 세 단계로 분류해 각각의 사례별로 대처하고 있다.

전사적 리스크 관리는 리스크 요인 간의 상쇄효과를 활용해 전체 리스크를 통합적으로 관리할 수 있다. 환율이 오르면 원자재 구입비가 올라가지만 대신 해외영업파트의 매출 상승을 기대할 수 있어 해당 리스크가 어느 정도 상쇄된다. 이러한 상쇄효과를 얻기 위해서는 생산, 영업, 구매, 재무, 연구개발 등 다양한 부서의 리스크를 전사적으로 통합해 관리해야 한다. 현재 많은 기업들에서 통합적 리스크 관리 활동은 기업 성과 평가 시스템과 연계되어 운영되고 있다.

전사적 리스크 관리를 위해서는 리스크의 사전적 관리와 통합적 관리가 가능한 시스템 구축이 필요하다. 하지만 더 중요한 것은 리스크를 전 조직이 함께 공유할 수 있는 기업의 '열린 문화'가 바탕이 되어야 한다. 조직 내에서 이야기하기 꺼려 하는 위험 요인들에 대해 활발히 소통할 수 있는 환경을 먼저 갖춰야 한다.

불확실한 시대,
기업은 어떻게 대처해야 할까

리스크 풀링

경제학계에서 자주 사용하고 있는 '불확실성의 시대'라는 말은 최근 우리 사회에서 가장 광범위하게 쓰이는 말이기도 하다. 그만큼 세상이 불안하고 변하기 쉬우며 확신하기 어려운 변덕스러운 사회로 가고 있다. 불확실성이 커질수록 기업은 의사결정하는 데 어려움을 겪는다. 따라서 기업으로서는 불확실성을 최소화하는 게 무엇보다 중요하다. 이는 최근 기업들의 가장 큰 관심사이기도 하다. 그렇다면 어떻게 불확실성을 최소화할 수 있을까?

불확실성에 대처하기 위한 대표적 리스크 관리 방법으로 리스크 풀링 risk pooling 을 들 수 있다. 리스크 풀링은 시스템 내에 분포되어 있는 위험 또는 불확실성을 하나로 모으는 방법이다. 개별적인 확률값을 가지는 요소들을 통합하면, 개별 요소들이 가지는 확률 효과가 서로 상쇄되어 통합된 요소의 표준편차가 개별 요소들의 표준편차의 합보다 낮아지는 상황을 응용한 것이다. 리스크 풀링을 활용하면, 여러 시설이나 창고를 하나로 통합해 개별적으로 생기는 리드 타임의 변동성이나 고객 수요의 변동성이 서로 상쇄된다. 이에 통합된 시설 및 창고가 보유해야 할 안전재고가 각각 보유하는 안전재고의 합보다 작아지게 되면서 변동성이 줄어들게 된다. 다수의 소매상이 각자 독립적으로 하나의 공급업자로부터 주문을 하는 시스템과 소매상들을 하나로 통합해 모든 수요를 한곳에서 충족시키는 시스템을 불확실성 면에서 비교해보면, 후자의 불확실성이 전자보다 작다.

리스크 풀링의 긍정적인 효과를 이용한 사례는 주변에서도 쉽게 찾아볼 수 있다. 대부분의 유통업체들은 지역분배센터 또는 물류센터를 두고 담당지역의 수요를 통합적으로 관리한다. 요즘 순수 온라인 유통기업들이 소매점을 소유하지 않고, 가상공간에서 주문을 받아 일괄적으로 처리하는 것도 흔한 일이다.

휴렛팩커드는 제품의 차별화를 가능한 뒤로 미루고, 업데이트된 실시간 수요 정보를 활용하면서 불확실성을 감소시키는 리스크 풀링 전략을 사용한다. 베네통 역시 생산 공정의 순서를 바꿔 제품의 차별화를 수요가 발생할때까지 늦춤으로써 수요의 불확실성에 보다 효과적으로 대처하고 있다.

리스크 풀링 이외에도 변동성을 최소화하면서 수요의 불확실성에 대해 효율적으로 관리하는 방법은 여러 가지가 있다. 불확실성 관리 방안은 그 방안이 수요, 가치사슬의 구성, 고객의 구성, 비용

구조 등 개별 기업과 관련된 여러 가지 특성과 얼마나 잘 맞는지에 그 성패가 달려 있다. 따라서 불확실성 관리를 잘하기 위해서는 우선 기업의 특성을 철저히 분석해 매출 증대나 비용절감의 기회가 어디에 존재하는가를 파악하고, 이를 최대한 활용할 수 있는 독자적인 방법을 개발해야 한다.

도요타 자동차의
위기 탈출 전략

신 게이레츠

일본식 경영을 대표하는 말 중에 게이레츠keiretsu가 있다. 우리 말로 계열系列이라는 할 수 있는 게이레츠는 우리나라의 재벌과 유사한 개념이다. 게이레츠의 특징은 여러 기업들이 상호 지분을 소유하면서 장기적인 거래 관계를 유지하는 것으로, 1980년대까지만 해도 일본 기업의 경쟁력의 원천으로 주목 받았다. 그러나 2000년대 초, 일본 경제가 '잃어버린 10년'을 겪으면서 게이레츠도 끝났다는 평가를 받기도 했다. 그런데 최근 일본 경영에 '신 게이레츠'라는 말이 등장하고 있다. 게이레츠의 종말과 함께 등장한 신 게이레츠는 과연 무엇일까?

게이레츠는 제조업체가 부품 공급업체와 신뢰와 호의에 따라 장기적인 거래를 하는 것이 특징이다. 이에 업체 간의 거래계약도 납품 가격을 정확히 책정해 분명하게 규정짓기보다는 향후 납품 가격 인하 폭에 대한 기대를 적는 방식으로 이뤄졌다. 서구 기업들이 공급업체와 적당한 거리를 유지하는 관계를 맺고, 연간 납품 가격 인하 폭을 분명하게 명시한 계약서를 쓰는 것과는 대조적이다. 1980년대까지 승승장구하던 게이레츠는 1990년대부터 빛을 잃기 시작했다. 1999년 닛산 자동차를 인수한 프랑스 르노의 카를로스 곤Carlos Ghosn은 언론에 "닛산의 게이레츠는 더 이상 작동하지 않는다"고 말하기도 했다.

2009년 대규모 리콜 사태를 겪는 등 도요타는 미국 시장에서 지배력이 계속 줄어들고 있었다. 하지만 2012년부터 미국 시장에서 판매량이 다시 올라가는 등 기업의 경쟁력이 회복되면서 도요타 부활의 원동력이 무엇인지 주목 받기 시작했다. 2013년《하버드 비즈니스 리뷰》는 도요타의 제조업체와 공급업체 간의 효율적 거래가 도요타의 부활을 이끌어냈다고 조명하며, '신 게이레츠'란 개념을 소개했다.

2000년대에 접어들면서, 도요타는 새로운 구매전략 CCC21 Construction of Cost Competitiveness for the 21st Century을 실행한다. 납품 가격을 인하하기 위해 세계적으로 가격경쟁력을 갖춘 공급업체를 선택하려고 노력한 도요타지만, 게이레츠를 버리고 서구식 거래 관계만을 택한 것은 아니었다. 도요타는 새로운 공급업체가 낮은 가격에 부품을 공급한다고 해서 기존 공급업체와의 거래를 바로 끊지 않고, 그 업체가 납품 가격을 낮출 수 있게 기술자를 파견해서 지원했다. 또한 특정 부품의 가격 경쟁에서 밀린 기업에게는 다른 부품을 생산해서 납품할 수 있도록 유도하면서 부품 공급업체들이 신차 개발 단계에서부터 참여하도록 했다. 도요타는 자사의 디자인 부서, 생산 부서 등의 인력과 부품 공급업체 인력들을 하나로 모아 회의를 열었다. 이러한 혁신 전략들을 동시다발적으로 실행하면서 도요타는 다시 경쟁력을 회복할 수 있었다.

도요타 '신 게이레츠'의 세 가지 교훈

1) 가격 경쟁력을 유지하면서 파트너와의 동반 성장을 고려한다.

2) 공급업체의 성과가 부진하면 성과를 개선할 수 있도록 도움을 준다.

3) 신제품 개발 단계에서부터 부품 공급업체를 참여시켜 효율성을 높인다.

❝MY BIGGEST FEAR IS THAT THEY'RE NOT FIXING THE RIGHT PROBLEM❞ — Valerie K. (as posted on newsday.com)

Valerie, we hear your concern. And it's something we don't take lightly. We have rigorously tested and re-tested our pedal and floor mat solutions – and they're working. You may have heard discussions about our electronic throttle control system. We're confident this system is not the cause of unintended acceleration in our vehicles. To be 100% sure, we've invited Exponent, an engineering firm used by NASA, to perform their own independent analysis. We will make their final report public. And we assure you that we're committed to your safety, now and in the future.

TOYOTA For more information visit Toyota.com/recall

FUTURE

기술과 인간은
어떻게 공존하는가

적정기술

기술은 양면성을 가지고 있지만 대체적으로 세상을 발전시키고 이롭게 한다. 하지만 첨단 과학이 다양하게 발전한 지금도 여전히 인류의 절반 이상은 최소한의 혜택조차 누리지 못하는 것처럼 보인다. 눈에 잘 띄진 않지만 지구 한 켠에는 소외된 이웃들에게 실질적인 도움을 주는 착한 기술이 개발되고 있다. 바로 적정기술appropriate technology이다.

적정기술은 현지의 자원과 노동력을 이용해 현지인들의 필요에 맞는 친환경적이고 지속가능한 방법으로 운용되는 기술을 의미한다. "빈곤은 대량생산에 의해서가 아니라 대중에 의한 생산을 통해서만 해결된다"는 마하트마 간디Mahatma Gandhi의 손물레 운동이 적정기술의 기원이라고 할 수 있다. "작은 것이 아름답다"고 주장했던 영국의 경제학자 E.F. 슈마허E.F. Schumacher는 소외층을 위한 공학

설계 기술을 중간기술Intermediate Technology이라고 표현한 바 있는데, 이 중간기술의 개념이 발전한 것이 적정기술이다. 사회운동가 폴 폴락Paul Pollack의 '소외된 90퍼센트를 위한 디자인'도 적정기술을 표방한 실천적 대안운동이다.

아프리카 지역 신생아 5명 가운데 1명은 콜레라와 이질 같은 수인성 질병으로 태어난 지 5분이 채 안 되었음에도 삶을 마감한다. 이 상황을 본 덴마크 디자이너 토르벤 베스터가드 프란젠Torben Vestergaard Frandsen과 네덜란드 디자이너 롭 플뢰렌Rob Fleuren은 이 문제를 풀 방법을 고심하다 '생명빨대'를 고안해낸다. 빨대 안에 15 미크론 이상의 입자를 제거해주는 필터를 내장해, 물이 부족한 아프리카에서 땅에 고인 더러운 물도 깨끗하게 마실 수 있도록 빨대를 개량한 것이다.

현재 케냐와 나미비아, 에티오피아와 나이지리아 지역에 널리 보급돼 있는 'Q드럼'도 비슷한 고민이 낳은 결과다. 아프리카 지역은 여전히 물 한 동이를 긷기 위해 멀리 떨어진 식수원까지 한나절을 오가야 하는 불편함을 겪고 있다. 이 문제를 해결하기 위해 Q드럼은 한 번에 75리터까지 물을 담을 수 있도록 대용량으로 만들어졌음은 물론, 굴려 운반할 수 있도록 고안되어 운반의 불편함을 없앤 것이다. 식수난을 겪는 남태평양 섬에 설치된 빗물탱크나, 전기가 들어오지 않는 히말라야 오지에 들여놓은 태양열 발전기도 적정기술의 예라고 할 수 있다.

영미권이나 유럽지역에서는 1970년대부터 적정기술에 관심을

적정기술은 현지의 자원과 노동력을 이용해 현지인들의 필요에 맞는
친환경적이고 지속가능한 방법으로 운용되는 기술을 의미한다.

갖고 활발한 연구 활동을 벌이고 있지만, 우리나라는 아직 걸음마 수준인 것이 사실이다. 그러나 2008년 적정기술이 국내에 처음 소개된 뒤 몇몇 과학기술자 모임과 대학을 중심으로 공학설계 연구와 토론 움직임이 생겨나고, 이에 대한 성과도 하나둘 나오기 시작하고 있다.

적정기술은 많은 돈이 들지 않고, 에너지 사용도 적으며, 누구나 쉽게 배워 쓸 수 있는 공학설계 기법이다. 누군가에게 사소한 기술로 보일 수 있지만, 자원이 부족한 저개발국가에는 아주 유용한 기술이다. 소외된 세계의 이웃들을 떠올리며, 그들이 처해 있는 현지 사정에 가장 적정한 기술은 무엇인지 관심을 가지는 이들이 많이 늘어났으면 한다.

새로운 시대 기업의 과제, 경험을 제공하라

로테크, 하이콘셉트

주변에서 얼리어답터로 불리는 A는 매년 새 버전의 스마트폰이 출시될 때마다 전화기를 신형으로 교체한다. 3G폰에서 처음 스마트폰이 나올 때에는 2년의 약정 기간을 채우고도 바꿀 수 있었지만, 지금은 약정 기간을 채우지 못하고 새 전화기로 교체할 때가 많다.

시간을 들여 신제품의 기능을 이해하고 익숙해질 무렵이면 또 새로운 기술이 등장한다. 이렇게 기술에 종속된 삶에서 탈피하기 위해서는 기술보다도 사용자 경험에 관심을 두어야 한다는 주장이 공감을 얻고 있다. 이러한 주장의 중심에 '로테크low tech, 하이콘셉트high concept'가 있다.

하이콘셉트는 무관해 보이는 아이디어를 결합해 남들이 생각하지 못한 새로운 아이디어를 만드는 역량, 트렌드를 파악하는 능력 등을 종합적으로 지칭하는 개념이다. 기존의 제품 혁신을 통한 비용 절감과 고객 가치의 제고를 통한 차별화 전략이 점차 한계에 직면하면서 이 하이콘셉트의 중요성은 더욱 커지고 있다.

하이콘셉트의 성공적인 구현을 위해서는 인간의 섬세한 감정을 파악해 공감을 이끌어내는 하이터치high touch가 기반이 되어야 한다. 여기에 현대인들이 발전한 기술을 활용하는 법을 배우다가 지치고 오히려 더 바쁜 생활만 영위하게 되는 현상에 거부감을 느끼는 현실에 착안해 적당히 발달한 기술, 즉 로테크와 하이콘셉트의 적절한 접점을 통해 기술이 생활 속으로 파고드는 경험을 제공하려는 움직임이 일어나고 있다.

로테크와 하이콘셉트를 적절하게 접목시키는 기업의 대표주자는 단연 애플이다. 애플은 아이폰, 아이패드, 아이맥, 맥북 등 자사의 제품들의 명확한 스펙을 밝히기보다는 이들 기기를 통해 어떤 경험을 얻을 수 있는지를 강조한다. 실제로 애플의 제품에는 기존에 없던 것을 새롭게 만들어낸 기술은 드물다.

MIT의 모빌리티랩이 만들어낸 휠체어도 로테크, 하이콘셉트의 예다. 이 휠체어는 손으로 바퀴를 직접 굴리기 힘든 도로에서도 손으로 레버를 밀고 당기면서 앞으로 갈 수 있게 만들어져 비포장도로가 많은 저개발 국가에서 유용하게 사용되고 있다. 앞에서 언급한 적정기술이 적용된 Q드럼과 같은 제품들도 로테크, 하이콘셉트 제품의 한 부류라고 할 수 있다.

이제 더 이상 하이테크에 집착하는 시대가 아니다. 기업들은 기존 기술을 얼마나 더 효과적으로 활용할 수 있는지에 포커스를 맞춰야 한다. 로테크, 하이콘셉트는 융합이나 친환경이 대세인 현재의 시대정신과도 맞닿아 있다. 소비자들 역시 제품이 얼마나 성능이 좋은지를 따지기보다는 그 제품이 얼마나 내게 유용한지를 먼저 염두에 두어야 하겠다.

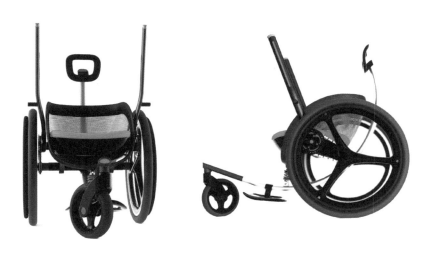

새로운 성장 산업, 어떻게 만들까

서비스화

서로 다른 여러 분야를 연결하고 뒤섞는 이른바 융합이 대세가 된 지 오래다. IT 산업 내는 물론, 방송과 통신, 관광과 의료도 서로 융합해 또 다른 경쟁력을 만들어내고 있다. 제조업과 서비스업도 융합을 피할 수 없다. 이 두 산업이 융합하며 만들어낸 새로운 산업 패러다임인 서비스화 현상이 최근 주목을 받고 있다.

제조업에서 서비스화를 시도하려는 움직임은 이미 1980년대 후반 일본에서 있었다. 일본의 주요 제조업체들은 시장에서 우위를 점하려면 제조기업의 모습보다는 서비스 기업에 가까운, 이른바 '서비스화servitization'를 추구해야 한다고 생각했다. 일반적으로 제조기업은 원재료 조달, 제품 제조, 배송, 서비스 등의 프로세스를 거치는데, 그동안 배송이나 서비스 단계는 부수적인 요소로만 간주해왔다. 그러나 서서히 제조보다는 서비스가 기업 경쟁력의 주요 요소로 자리를 잡으면서, 유통 단계에서도 소비자에 가까운 단계를 더 중시하게 됐다. 이것이 바로 서비스화의 출발점이다. 이후 더 나아가 제품과 서비스가 결합한 제품 서비스화product servitization, 서비스가 상품화된 서비스의 제품화service Productization 등을 전부 포괄하게 됐다.

아이폰이라는 상품에 아이튠즈와 앱스토어라는 서비스를 결합시켜 휴대폰 그 이상의 기능을 창출한 애플의 사례가 서비스화의 대표적 사례다. 애플은 휴대폰에 다양한 앱과 콘텐츠를 얹어 상품의 가치를 극대화 시키고 다양한 수익 모델을 개발했다. 컴퓨터 하드웨어 제조기업이었던 IBM이 소프트웨어, 컨설팅 등에까지 관여하는 IT 서비스기업이 될 수 있었던 것도 바로 서비스화의 또 다른 대표적 예다. 최근 국내외 자동차 업체들이 선점하려는 자동차에 유비쿼터스 환경을 구현해주는 IT 또한 제품에 서비스를 결합하기 위한 노력을 보여주는 사례다.

경제 환경이 복잡해지고 산업의 주기가 짧아지면서 새로운 성장 사업을 찾으려는 기업의 노력은 더욱 절실해지고 있다. 서비스화는 기업의 핵심 역량을 바탕으로 쉽게 서비스할 수 있는 유관 산업으로의 진출 기회를 의미하기 때문에 기업의 미래전략에 중요한 요인으로 작용할 수 있다.

중국 이후, 세계경제가 주목하는 국가들은?

포스트 차이나 16개국

집계된 인구만 13억인 중국은 풍부한 노동력, 낮은 인건비를 앞세워 지난 수십 년간 '세계의 공장' 역할을 해왔다. '세계의 공장' 덕분에 우리나라는 물론 미국, 일본 등 여러 나라 국민들 역시 저렴한 중국산 제품을 마음껏 소비할 수 있었다. 하지만 최근 중국에서도 인건비가 치솟으면서 지금까지 중국이 해왔던 세계의 공장이라는 역할을 기대하기 어려워졌다. 이에 많은 나라들은 중국을 대체할 '포스트 차이나' 확보에 열을 올리고 있다.

2013년 미국의 국제정세 분석가인 조지 프리드먼George Friedman은 중국을 대체할 나라 16개 국가를 언급하며 이를 '포스트 차이나 16개국'이라고 표현했다. 프리드먼은 중국이 산업 구조가 성숙해지고 임금이 오르면서, 각 기업이 수익성을 높이기 위해 노동집약적 산업보다 부가가치가 높은 첨단제품 생산에 힘을 쏟는다고 말하

며, 중국을 대체할 국가들에 대한 관심이 필요하다고 주장했다. 이
들 국가들은 값싼 노동력, 수출 지향적 경제구조, 기본적인 인프라
가 갖춰진 국가들로, 동남아시아의 스리랑카, 인도네시아, 미얀마,
방글라데시, 라오스, 베트남, 캄보디아, 필리핀. 아프리카의 탄자니
아, 케냐, 우간다, 에티오피아, 남미의 페루, 도미니카공화국, 니카
라과, 멕시코 등이 해당된다.

2013년 한국수출입은행 해외경제연구소는 포스트 차이나 16개
국의 제조업 진출 여건을 정밀 분석한 연구 결과를 발표했는데, 16
개 나라의 최저임금, 인프라 수준 등 사업 환경과 국가별 위기대응
능력 등을 비교해 베트남, 필리핀, 인도네시아, 멕시코, 미얀마, 방
글라데시 등 6개국을 제조업이 진출하기 가장 유망한 국가로 선정
했다. 이 여섯 나라 외에 나머지 국가인 라오스, 스리랑카, 캄보디
아, 탄자니아, 에티오피아, 우간다 등은 외부충격에는 다소 취약하
지만 사업 환경은 상대적으로 양호하다고 진단했다.

제조 기업이 자사의 상황에 맞는 진출 국가를 신중하게 선택해
야 하는 것은 두말할 필요가 없다. 포스트 차이나 16개국처럼 여러
국가들을 한 그룹으로 묶어서 지칭하는 용어에 관심을 가질 필요
가 있다. 브라질, 러시아, 인도, 중국을 가리키는 브릭스BRICS나, 믹
트MIKT, 비스타VISTA, 시베츠CIVETS, 이스트밤ISTVAM 등 잠재력이 있
어 주목 받는 국가들을 일컫는 신조어들은 세계경제의 흐름을 보
여주기 때문이다.

신흥국을 가리키는 신조어

믹트 MIKT	비스타 VISTA	시베츠 CIVETS	이스트밤 ISTVAM
멕시코 Mexico	베트남 Vietnam	콜롬비아 Colombia	인도네시아
인도네아 Indonesia	인도네시아	인도네시아	남아프리카 공화국
한국 Korea	남아프리카 공화국 South Africa	베트남	터키
터키 Turkey	터키	이집트 Egypt	베트남
	아르헨티나 Argentina	터키	호주 Australia
		남아프리카 공화국	멕시코

IT업계가 주목하는
퍼플오션 시장은?

사물지능통신 시장

파란색와 빨간색을 혼합하면 보라색이 되듯 미개척시장인 블루오션과 치열한 경쟁이 존재하는 레드오션 시장의 장점을 접목한 시장을 퍼플오션이라고 한다. 지난 2013년 한국과학기술정보연구원의 마켓 리포트에서는 국내 중소기업들이 주목해야 할 퍼플오션 중 하나로 '사물지능통신Machine to Machine, M2M' 분야를 선정하고, 이 영역을 통해 고부가가치 사업을 발굴할 기회를 찾을 수 있다고 밝혔다. 그리고 3년이 지난 지금, 사물지능통신을 이용한 다양한 상품과 서비스가 소비자 앞으로 찾아오기 시작하며 새로운 시장이 열리고 있다.

사물지능통신은 통신, 방송, 인터넷 인프라를 인간 대 사물, 사물 대 사물 간 영역으로 확대하고 연계해, 사물을 통해 지능적으로 정보를 수집, 가공, 처리한 뒤 이 정보를 상호 전달하는 것을 의미한다. 일반적으로 우리 주변에 있는 모든 기기가 센서로 수집한 단편 정보를 다른 기기와 소통하면서, 인간이 윤택하고 편리하게 생활할 수 있도록 서로 반응해 주변 환경을 조절해주는 역할을 하는 것이다. TV, 냉장고, 세탁기 등 가전제품에서부터 자동판매기, 현금인출기, 자동차, 건강정보를 수집하는 헬스케어 장치, 가스·전기·수도 검침기, 온도·습도 조절기까지 다양한 기기에 사물지능통신 기능을 접목하고 있다.

사물지능통신 기술의 개발에 앞장서고 있는 나라는 일본이다. NTT레조넌트의 '가라다 로그'는 체중계와 혈압계의 측정값을 블루투스로 연결된 스마트폰을 통해 서버로 자동으로 전송해 관리하는 서비스로, 현재 50만 명이 넘는 회원을 보유하고 있다. 센서를 이용해 체중과 혈압 등을 측정하고 이를 분석하면서 비만, 당뇨 등 생활습관병을 예방하고 관리하는 서비스를 제공한다. 이 밖에도 일본은 사물지능통신을 이용, 환경오염을 감시하고 노후 인프라를 점검하거나 농축산업의 효율화 등에도 활용하고 있다. 일본은 2020년까지 노후 인프라의 20퍼센트에 센서를 설치해, 안전성 관리와 인프라 보수에 활용하는 계획을 시행중이다. 도요타는 자동차와 도로시스템 간 통신을 통해 안전한 운전 환경을 제공하기로 했다. 교차로 등에서 갑자기 진입하는 차량을 도로의 센서가 인식해 운전자에게 경고하면서 충돌을 방지하는 안전운전지원시스템을 개발했다.

사물지능통신 기술은 자동으로 모아진 정보들을 토대로 기업들의 프로세스를 향상시킬 수 있어, 이로 인한 비용 절감과 경쟁 우위를 확보할 수 있다. 새롭게 열린 시장인 사물지능통신 산업에 대한 기술력이 있다면, 이를 활용해 다양한 가치를 얻을 수 있을 것이다.

현재 중국경제의 고민은?

중진국의 함정

아르헨티나가 경제 위기를 겪은 2001년, 당시 1000억 달러의 채무 불이행 사태가 발생하자 아르헨티나 정부는 채권단과 채무 재조정 문제를 논의해 대부분의 채무를 해결했다. 그러나 엘리엇 매니지먼트를 비롯한 일부 헤지펀드사가 채무 재조정에 반발해 소송을 제기했고, 뉴욕연방법원은 2012년 10월 아르헨티나가 헤지펀드에 투자금을 전액 상환하라고 판결했다. 10년 넘게 경제 위기의 여진이 남아 있는 아르헨티나는 중진국의 함정middle income trap에 빠진 전형적인 사례다.

일반적으로 국민소득 1만 달러를 달성한 나라는 전 세계 어떤 나라든지 중진국의 함정에 빠지게 된다. 실제로, 중진국의 함정을 벗어나서 고소득 국가로 진입한 나라들은 101개 국가 중에 13개에 불과하다. 최근엔 원조 브릭스 4개국인 브라질, 러시아, 중국, 인도가 중진국 함정에 빠졌다는 분석이 나오면서, 특히 한국 경제와 밀접한 관계를 맺고 있는 중국이 이에 어떻게 대응하고 있는지 촉각을 곤두세우고 있다.

'중진국의 함정'이란 개발도상국이 중진국 단계에서 성장 동력의 부족으로 선진국으로 발전하지 못하고, 경제성장이 둔화되거나 중진국에 머무르는 현상을 말한다. 급속한 경제성장을 이루면서 물가상승이 가속화되고 경제가 일정 수준에 도달하면 인건비나 토지 비용 등이 상승한다. 이로 인해 경제성장을 이루는 동안 내재되어 있던 지역과 계층 간의 소득 격차가 늘어나면서 사회 갈등이 빈번해지고, 구성원들의 복지에 대한 욕구 증대 같은 사회 문제가 불거지는 등 성장을 둔화시키는 여러 요인들이 나타나면서 경제성장이 어려워진다. 이에 대한 대처를 하지 못할 경우 오히려 경제발전 단계가 다시 후퇴하는 사례도 많다. 1960~1970년대 이후 중남미 국가들이 대표적인 예다.

브라질, 아르헨티나, 베네수엘라 등의 중남미 국가들은 물론이고 1990년대 말 우리나라의 IMF 금융위기나 일본의 잃어버린 20년도 결국 이러한 딜레마의 일부분이 아니었나 하는 해석도 나오고 있다. 최근 중국 경제에서 나타나는 지표가 중진국의 함정을 겪은 국가들과 유사하기에 관심이 쏠리고 있다. 소득 격차의 심화, 사라져 가는 인구배당 효과, 환경오염 심화, 외국인 직접투자 증가세 둔화 등이 심상치 않게 나타나고 있기에 나오는 우려다.

이에 대해 최근 중국은 중진국의 함정에 빠질 위험을 차단하기 위해 다각도로 노력하고 있다. 전문가들은 중국이 시장 경제를 보호하고 존중하며 포용적인 성장을 이루기 위해서는 국가 주도의 엄격한 통제 보다는 시장 자율에 맞는 자원 분배가 선행되어야 한다고 주장한다. 중국 정부가 모든 민생 문제에 관여할 수 없을 뿐 아니라, 정부가 관여하지 말아야 할 문제에 대해서는 간섭하지 말아야 시장 기제가 발휘될 수 있기 때문이다. 이 밖에도 기술혁신을 통한 경제구조의 전환, 소득 불균형 해소, 내륙산업화를 통한 지속 성장, 도시화 발전을 통한 내수 잠재력 개발 등 다양한 경제활성화 방안을 마련해야 중국 내부의 침체된 경제가 다시 살아날 수 있을 것이라고 전망했다.

중진국의 함정을 벗어나기 위한 정책기조는 현재 우리 경제에서도 적용될 만한 부분이 많다. 중국에 대한 의존도가 매우 높은 현 상황에서 선진국으로 도약하기 위한 중국의 대응 기조는 여러모로 주시할 필요가 있다.

최근 국제금융시장이 주목하는 현상

국부펀드

세계적으로 국부(주식, 부동산, 기업 등의 국가자산)의 규모가 크게 늘면서 이를 어떻게 운영하고 관리하느냐가 최근 세계경제의 주된 관심사다.

일찍이 중동의 산유국들은 정부가 주도해 국부펀드Sovereign Wealth Fund를 설립해, 원유 수출로 축적한 국부를 관리했다. 1990년대 아시아 금융위기 이후에는 비산유국인 신흥국들도 늘어난 외환보유액을 효율적으로 운영하기 위해 국부펀드를 설립했다. 이처럼 최근 국제금융시장에는 국부펀드 간의 경쟁이 치열하게 벌어지고 있다.

국부펀드는 국가기관이 적정 수준 이상으로 보유한 외환을 따로 투자용으로 책정해 모아놓은 자금을 말한다. 석유를 수출해 벌어들인 오일 달러나 무역수지 흑자로 발생한 외환 보유액 등이 국부펀드의 주요 자금원이다. 글로벌 자산규모가 2003년 1.5조 달러에서 2012년 5.2조 달러로 3.5배가량 증가하는 데에는 국부펀드의 역할이 컸다. 국제금융시장의 자금 공급원 역할을 수행하며 영향력을 키워왔기 때문이다. 지금까지 국부펀드는 투자 규모도 그리 크지 않고 투자 대상도 제한적이어서 국제금융시장의 큰 주목을 받지 못했지만, 중국, 일본 등 외환보유액 1, 2위를 다투는 국가들까지 돈다발을 들고 나서면서 상황이 달라졌다. 앞으로도 거대한 규모와 공격적인 투자 성향으로 인해 금융시장에 상당한 영향을 미칠 것으로 전망된다.

국부펀드는 펀드를 구성하는 재원에 따라 상품펀드와 비상품펀드로 구분된다. 상품펀드는 정부가 소유한 국가기관의 천연자원 수출대금이나 민간기업의 천연자원 수출소득에 대한 세금을 통해 정부가 확보한 외화 수입으로 형성된다. 원유로 벌어들인 돈이 자금의 원천인 아랍에미리트연합UAE의 아부다비 펀드가 대표적이다. 비상품펀드는 국제수지 흑자를 통해 축적된 외환보유액이나 재정흑자를 통해 축적된 자금으로 형성된다. 싱가포르의 테마섹 펀드나 우리나라의 한국투자공사Korea Investment Corporation, KIC가 비상품펀드의 대표적 예로, 상품펀드와 비상품펀드 중 최근 중요도가 더 커지고 있는 것은 바로 비상품펀드다.

2012년 국부펀드의 부동산 직접투자 규모는 약 100억 달러로 전년 대비 36퍼센트 증가했고, 이 투자 규모는 향후 10년간 두 배 이상 늘어날 전망이다. 이렇게 국부펀드가 부동산 투자를 늘리는 이유는 금융위기 이후 금융자산의 수익률이 악화되면서 안정적인 수익을 확보하고 인플레이션 헤지*가 가능한 투자처가 필요해졌기 때문이다.

저성장, 저금리 기조 하에서 국내 주요 투자기관들이 지속적으로 수익을 확보하기 위해서는 해외 부동산 투자 확대를 적극적으로 검토해야 한다. 금융시장의 불확실성이 증대되고, 국내 부동산 경기가 침체되는 가운데 해외 부동산에 대한 투자는 수익을 안정적으로 확보할 수 있는 대안이 될 수 있다. 단, 해외 부동산 투자 확대에 따른 리스크를 줄이기 위해 투자에 대한 객관적 평가가 가능한 시스템을 투자기관 내부에 필수적으로 구축해야 한다.

* 인플레이션에 의한 화폐가치의 하락으로 비롯되는 손실을 막기 위해 주식이나 토지 건물 상품 등을 구입하는 것을 말한다.

왜 세계경제는
이슬람 금융에 주목하는가

이슬람 금융

구매력평가지수purchasing power parity, PPT 기준으로 세계에서 가장 잘사는 나라는 중동의 산유국들이다. 대부분 이슬람교를 믿고 있는 이들 국가의 금융자산은 이슬람 율법인 샤리아에 맞게 만들어진 금융제도를 통해 거래되고 있다. 최근 말레이시아를 중심으로 이슬람 금융시장이 커지면서 국내 기업과 은행들에서는 이슬람 금융에 대한 관심이 높아지고 있다.

이슬람 율법에는 이자 금지 조항과 함께, 금융 거래가 일어날 경우 반드시 실물 거래가 함께 이루어져야 한다는 내용이 포함되어 있다. 이 조항들이 걸림돌이 되어 그동안 이슬람 금융은 크게 발달할 수 없었다. 이러한 이유로 과거 이슬람 국가와 기업들은 런던을 경유해 미국 국채 등 선진국의 자산을 사들이기만 했다. 그런데 2001년 9·11 사태의 여파로 미국 정부가 이슬람 국가 자산에 대한 통제를 강화하자, 일부 자금이 이슬람 은행에 몰려들기 시작했다. 이에 바레인, 말레이시아 등에서는 오일 머니를 유치하기 위해 율법에 어긋나지 않는 이슬람 금융상품을 대거 개발한 것이다.

종교적 제약 조건을 딛고 다양한 상품을 통해 금융기법을 선진화하는 데 성공했기 때문에, 과거에는 일반 금융만을 사용하던 무슬림들이 점차 이슬람 금융으로 자금을 옮기고 있다.

아직 이슬람 금융시장의 총 자산은 전 세계 금융 자산의 1퍼센트밖에 되지 않는다. 그러나 무슬림 인구가 세계 인구의 25퍼센트를 차지하기에 향후 급성장할 것으로 예상되고 있다. 특히 '수쿠크'라고 불리는 이슬람식 채권은 현재 가장 활발히 거래되는 금융상품으로 이미 영국, 프랑스, 일본, 중국, 싱가포르 등 주요국들은 수쿠크 발행을 위한 제도 정비를 이미 완료했거나 활발히 추진 중이다. 국내에서는 최근 법 개정 실패로 수쿠크 발행이 무산됐지만, 국내 은행들도 이슬람 금융에 진출해야 한다는 논의가 진행되고 있다.

물론 이슬람 금융이 완벽한 새로운 대안은 아니다. 실물자산의 가치에 따른 부도위험이 다른 금융상품보다 크기도 하다. 하지만 2008년 글로벌 금융위기 이후 세계금융시장의 성장세가 급격히 낮아졌음에도 이슬람 금융시장은 빠르게 성장하고 있다. 이슬람 금융을 외면하는 것은 새로운 시장을 포기하는 것과 다름이 없다.

일본의 주부들이 국제금융시장을 움직인다?

와타나베 부인

막대한 엔화를 찍어내 장기 불황에서 벗어나겠다는 취지로 시행되고 있는 일본의 경제 정책, 아베노믹스Abenomics. 하지만 아베노믹스의 고민은 일본 중앙은행의 대규모 양적완화로 일본 증시가 폭등하자, 해외로 나갔던 투자자들이 환차익과 국내 주식투자 수익을 노리고 다시 돌아오면서 기대했던 내수 진작 효과가 실제로는 크게 나타나지 않는 것이다.

해외의 고금리 자산에 투자하는 일본의 외환투자자들은 주로 중·상류층 가정주부가 많은데, 이들을 와타나베 부인Mrs. Watanabe* 이라고 한다.

일본 주부들이 외환거래에 관심을 갖기 시작한 것은 일본의 헤이세이 불황에 기인하고 있다. 1992년 일본은 불황으로 인해 금리

* 와타나베는 일본에서 가장 흔한 성(姓)이다.

가 제로(0)에 가까워졌다. 이런 상황에서 가정의 재정을 담당하던 일본 주부들은 낮은 저축 이자에 실망해, 저렴한 금리로 돈을 더 빌리고 자기 돈을 더해 외화를 사면서 해외 투자 기회를 찾아나섰다. 일본에서 금리를 아는 주부 한두 명에서 시작된 이런 움직임은 외환시장을 좌우하는 세력으로까지 성장하면서 엄청난 규모의 국제 금융거래를 일으키며 글로벌 외환시장의 큰손이 되었다.

와타나베 부인이 즐겨 사용하는 투자방식은 개인외환거래인 'FX Foreign Exchange 마진거래'다. FX 마진거래란 일정액의 증거금을 국내 선물회사나 중개업체에 맡겨두고 특정 해외통화의 변동성을 예측해 두 종류의 통화를 동시에 사고파는 방식의 외환선물거래다. 가치가 오를 것으로 예상되는 달러를 사는 동시에 가치가 떨어질 것으로 보이는 엔화를 매도하는 방식으로 거래를 한다.

와타나베 부인은 고위험·고수익 구조의 레버리지투자를 하는데, 일정 규모의 증거금을 금융회사에 맡긴 뒤 그 액수의 최대 100배 이상에 달하는 외환거래를 하면서 환차익을 노리기 때문에 일종의 환투기 성향을 지닌다. 2007년 한 해 동안 이들이 사고판 외환 규모는 200조 엔에 달하는데, 이는 도쿄 외환시장 거래량의 약 30퍼센트를 차지하는 규모였다. 미국 투자은행 JP모건은 세계금융시장에 흘러다니는 와타나베 부인들의 돈이 40조 엔에 달하는 것으로 추정한 바 있다. 이처럼 환투기 성격이 강한 와타나베 부인의 투자가 다시 국내로 돌아오는 것은 일본 주식시장에서는 달갑지 않은 일이기에 아베노믹스를 펼치는 일본 정부가 고민하는 것이다.

저금리 기조가 계속 이어지고 있는 우리나라는 반대로 국내 투자자들이 해외 주식이나 채권 등으로 눈을 돌리고 있다. 2013년 한국예탁결제원의 보고서에는 2013년 1분기 외화증권 결제금액이 이전 분기 대비 40퍼센트가 증가한 58억 8000만 달러를 기록했다고 밝혔다. 미국 주식 투자 수요도 이전 분기 대비 26퍼센트가 급증했다. 저성장, 저금리 기조가 지속될수록 보다 높은 수익을 기대할 수 있는 해외자산으로 투자가 확대될 수밖에 없다. 당분간 정책의 차이에서 비롯된 이러한 일본과 한국 금융시장의 엇갈린 추세는 지속될 전망이다.

인터넷 비즈니스의
특징

인터넷 경제의 3원칙

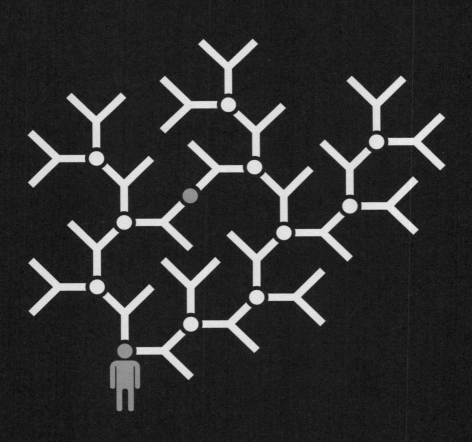

우리는 수많은 경제법칙들 안에서 살고 있다. IT가 발전하면서 인터넷 환경 안에서도 통용되는 세 가지 법칙이 있다. 흔히 인터넷 경제의 3원칙이라고 말하는 메트칼프의 법칙, 무어의 법칙, 코즈의 법칙이다. 이 세 가지 원칙은 현재 인터넷 비즈니스의 특징을 설명하는 중요한 키워드다.

메트칼프의 법칙Metcalfe's law은 인터넷 경제에서 사용자 규모의 중요성을 알게 해주는 법칙으로, 이더넷Ethernet을 발명한 밥 메트칼프Bob Metcalfe가 1980년 발표했다. 이 법칙에 따르면 네트워크의 효용성은 네트워크 참여자 수의 제곱에 비례한다. 만약 새로 개발한 스마트폰 메신저의 사용자가 한 명이라면, 이 메신저는 효용성이 없다. 하지만 두 명이 사용하면 비로소 메신저로서의 기능을 할 수 있게 되고, 만 명이 사용한다면 그 효용성은 만의 제곱이 된다. 이처럼 네트워크의 효용성은 각각의 네트워크 참여자들이 만들어내는 노드nod의 수만큼 효용성이 발생한다.

무어의 법칙Moore's law은 반도체 집적회로의 성능이 18개월마다 두 배로 증가한다는 법칙으로, 마이크로칩 기술의 성장 속도를 예측할 수 있게 해준다. 인텔의 공동설립자인 고든 무어Gordon Moore가 자신의 경험적인 관찰에 바탕을 두고 1965년에 발표했다. 발표 당시에는 마이크로 칩의 저장 용량이 매년 두 배씩 증가한다는 내용이었지만 기술의 발전 속도에 맞춰 1년에서 2년으로, 그리고 지금은 다시 18개월로 수정됐다. 실제 인텔의 마이크로프로세서 발전 속도를 보면 18개월에 두 배가 증가하기보다는 2년에 두 배의 증가가 일어나고 있다. 무어의 법칙과 유사한 법칙으로 '황의 법칙'이 있다. 이 법칙은 삼성전자의 황창규 사장이 2002년 제시한 것으로, 메모리 반도체의 집적도가 1년에 2배씩 증가한다는 법칙이다.

코즈의 법칙Coase's law *은 미국 시카고 대학교의 로날드 코즈Ronald Harry Coase 교수가 1937년 저술한 논문 〈기업의 본질The Nature of the Firm〉에서 언급한 이론이다. 모든 기업은 자신의 거래비용을 감소시키는 쪽으로 변화하는데, 이 변화를 통해 기업 내 조직의 복잡성이 감소하고 기업 수가 감소한다는 내용을 담고 있다. 코즈의 법칙은 1990년대 IT의 등장 이후 세계 경제를 설명하는 새로운 이론으로 다시 주목 받았다. 많은 기업들이 IT를 채택하면서 기업 내외의 거래비용이 줄어들고 기업 내의 복잡성도 줄어들면서 기업 내의 거래비용이 기업 간의 거래비용보다 상대적으로 높아지고, 해당 거래비용을 내부적으로 처리하던 조직의 경쟁력이 약화되며 기업의 수가 감소했기 때문이다.

* 코즈의 정리(Coase theorem)라고도 부른다. 코즈는 이 법칙(정리)으로 1991년 노벨경제학상을 수상했다.

FUTURE
096 일본은 고령화를
어떻게 대비하고 있는가?

시니어 시프트

고령화로 인한 생산인구 감소 문제에 대처하기 위해 일본 기업의 근무 방식이 변하고 있다. 야후 재팬은 약 5800명의 직원을 대상으로 주4일 근무제를 도입할 예정이고, 유니클로는 1일 10시간씩 주1일 근무하는 변형노동시간제를 시행중이다. 일본 정부는 55세 이상을 대상으로 대대적인 직업교육을 계획하고 있다.

대표적인 고령화 사회인 일본. 일본에서 최근 가장 유행하는 단어는 '시니어 시프트'다. 사회의 무게 중심을 노년층에 맞추고 주요 타깃도 노년층으로 옮기기 시작한 일본 사회를 표현하는 말이다. 이에 따라 일본 기업의 전략도 바뀌고 있다. 우리나라 역시 세계적으로 유례를 찾아보기 힘들 정도로 고령화 속도가 빠르다고 한다. 우리보다 앞서 고령화를 경험하고 있는 일본의 해당 이슈는 하나 하나가 전부 시사점이 될 수 있다.

일본은 1940년대 후반에 태어난 베이비붐 세대인 단카이 세대가 2012년부터 차례로 퇴직연령인 65세가 되면서 시니어 시프트가 가속화되고 있다. 단카이 세대의 최연장자인 1947년 출생자들이 60세가 되는 2007년에도 현재와 비슷한 상황이 벌어졌다. 그런데 1년 뒤에 닥친 글로벌 금융위기에 묻혀버렸다. 하지만 일본의 시니어 시프트는 계속해서 사회 전반에 걸쳐 장기간 진행되고 있다.

일본 기업들은 발 빠르게 이에 대응 하고 있다. 일본의 대형마트들은 땅값이 저렴한 교외에 넓은 매장을 만들어 사업을 벌여왔다. 하지만 이런 교외의 대형 점포는 노년층 고객이 찾아가기 어렵고, 필요한 상품을 찾아 넓은 매장을 걸어 다니기가 쉽지 않다는 이유로 노년층 고객의 외면을 받았다. 이에 대형마트들은 본격적으로 시니어 시프트에 주목했다. 각 점포에 휠체어가 통과할 수 있는 넓은 통로, 보행이 어려운 사람도 쉽게 탈 수 있는 느린 에스컬레이터, 쇼핑 도중에 휴식을 취할 수 있는 의자 등을 설치하며 노년층 고객의 발길을 다시 돌려놨다.

일본의 한 여행사는 시니어 고객들의 참여활동을 고안해냈다. 이 회사는 60~70대 노년층 700만 명을 회원으로 확보하고 있었는데, 매월 여행정보지를 만들어 시니어 고객이 다른 시니어 고객에게 이 잡지를 직접 배달하게 했다. 250부를 배달하면 3000엔 정도를 받을 수 있어 배달원들은 소액이지만 돈이 생기는 데다, 다른 회원들을 만나서 교류할 수 있는 기회도 얻을 수 있기 때문에 잡지 배

달에 적극적이었다. 이런 참여활동의 결과, 회원들 간의 교류가 활발해지면서 여행상품의 구매로 이어졌다.

국내 기업들도 한국 사회의 빠른 고령화 속도에 맞춰 시니어 시프트에 대응하고 있다. 특히 '스마트 시니어'에 주목하고 있다. 스마트 시니어는 인터넷을 자유자재로 활용해 정보를 수집하고 적극적인 소비행동을 하는 노년층으로, 일반적인 노년층과는 전혀 다른 특징을 가졌다. 이들 스마트 시니어의 비율은 점점 늘어날 것으로 전망되고 있다.

페이스북은 어떻게
네트워크 사업의 강자가 되었나

네트워크 외부성 효과

과거 유선전화를 시작으로 디지털 기술이 발전하면서 무선전화, PC통신, 메신저, 온라인게임, SNS까지 네트워크를 기반으로 하는 많은 서비스들이 등장해왔다. 네트워크를 기반으로 하는 사업들은 많은 사람들의 생활에 영향을 미칠 뿐 아니라 주력 기업들의 가치도 높이 평가되기 때문에 사업적으로나 정책적으로나 매우 큰 의미를 지닌다.

네트워크를 이용한 어떤 재화나 서비스의 가치는 사용자의 수에 기하급수적으로 비례해 커진다. 가입자를 기반으로 하는 시장에서 네트워크 사업자들이 가입자 수를 늘리는 데 집중하는 것은 이 때문이다. 앞서 소개한 메트칼프의 법칙이 현실에 적용된 것이 바로 네트워크 외부성 효과다. 10명의 가입자가 있는 메신저 서비스에서 11번째 사용자가 가입하면 이 새로운 사용자와 기존 가입자들 간에 10개의 연결고리가 생기기 때문에 메신저 서비스의 가치는 기하급수적으로 늘어난다. 이러한 환경에서는 시장을 선점하는 기업이 크게 앞서나가게 된다. 그래서 간혹 특정 사업자가 네트워크 경제를 독점하는 것을 막기 위해 산업적으로 규제하는 경우가 생기기도 한다.

네트워크 외부성 효과는 네트워크를 기반으로 하는 모든 산업에 적용되는 법칙으로 전화, 메신저, 인터넷 쇼핑, 컴퓨터 산업, 온라인 게임 등 무수히 많은 산업에 적용된다. 하지만 최근에는 디지털 기술과 비즈니스 모델이 고도화 되면서 이를 극복하는 경우도 자주 등장한다. AOL 메신저보다 늦게 등장한 MSN 메신저가 데스크탑 웹 메신저의 선두가 된 사례나 마이스페이스보다 늦게 생긴 페이스북이 SNS 시장을 제패한 사례가 대표적이다. 후발 주자인 MSN 메신저와 페이스북의 성공은 전체 네트워크의 사이즈, 단순한 가입자의 수보다 가입자 간 상호작용의 강도나 보완성과 같은 질적인 측면이 네트워크 사업에서 더 중요하다는 점을 보여주고 있다.

후발주자라 하더라도 적절하고 강력한 마케팅의 활용으로 네트워크 외부성 효과를 극복할 수 있다. 네트워크 외부성 효과의 극대화를 위해서는 창의적인 서비스를 바탕으로 시장을 선점하고 다수의 가입자를 확보하는 것이 가장 중요하다. 하지만 보다 근본적인 자세, 즉 가입자에게 제공하는 서비스의 질과 시의 적절한 마케팅의 역할도 이에 못지않게 중요하다.

빅데이터, 21세기의 새로운 금광

비즈니스 분석학

범죄 관련 데이터를 분석해 범죄 발생 지역과 시간, 심지어 용의자와 피해자까지 예측하는 프로그램인 '크라임 스캔'이 2016년 10월 현재 미국 피츠버그에서 운영 중이다. LA 풋힐 지역 경찰 역시 범죄 예상 지역뿐 아니라 범죄 용의자와 피해자까지 예측하는 프로그램을 운영하고 있다. 공상과학영화에서만 가능해 보이는 일이 현실로 이루어진 것은 엄청난 속도로 발전하고 있는 데이터 분석 기술 덕분이다.

지금 이 순간에도 지구촌 곳곳에서 엄청난 양의 데이터가 발생하고 있다. 과거 아날로그 시대의 데이터와 달리 지금의 데이터는 그 규모가 방대하고, 생성 주기도 짧고, 다양한 형태로 대규모로 생성된다. '빅데이터' 시대가 펼쳐지고 있는 것이다. IBM에 따르면 매일 250경 바이트 이상의 데이터가 쏟아진다. 600메가바이트(MB)

영화 39억 편 분량이다. 인터넷, 모바일, 사물인터넷 등의 폭발적인 성장에 힘입어 이 추세는 점점 가팔라지고 있다. 지금까지 인류가 쌓은 총 데이터의 90퍼센트가 최근 2년간 발생했다고 한다.

제대로 활용되지 못한 데이터는 어딘가에 방치된 채 잊힌다. 하지만 이를 그대로 방치하지 않고 새로운 가치를 불어넣는 이들이 있다. 바로 '데이터 과학자'다. 데이터 과학자는 각종 수치를 의미 있는 정보로 가공해 의사결정에 결정적 도움을 주는 역할을 한다.

한 조사에 따르면 현재 미국에서만 150만 명 이상의 데이터 과학자가 추가로 필요하다고 한다. 데이터의 증가 속도에 비해 이를 취합하고 가공할 인력이 매우 부족하다는 의미다. 빅데이터 시대를 대비하기 위해 미국의 많은 대학들은 오래전부터 데이터 및 비즈니스 분석학 과정을 신설해 인력 양성에 나서고 있다.

비즈니스 분석학을 활용해 엄청난 효과를 얻은 성공사례는 많다. 정치적으로는 유권자들이 전단, 방문, 전화 등을 통한 선거운동에 어떻게 반응할지를 분석해, 박빙 양상의 지역을 효과적으로 공략한 2012년 버락 오바마 미국 대통령의 대선캠프 사례가 있고, 데이터를 근거로 저비용 고효율 구단 운영을 선보였던 머니볼Money Ball 이론은 미국 프로스포츠계에 자리 잡은 지 오래다. 인텔을 비롯한 글로벌 기업에서는 인사·조직 영역에 비즈니스 분석학을 활발히 적용하며 해당 기업의 인사시스템을 투명하고 효율적으로 개선하고 있다.

데이터는 금광석과 같다. 19세기 미국 캘리포니아에서 금광이 발견됐을 때 제일 먼저 돈을 번 사람은 금 채굴 기술을 가진 사람이었고, 그다음은 정제 기술이 있는 사람, 그다음은 번 돈을 송금해주는 업자들이었다. 빅데이터 시대의 경쟁력은 원 데이터를 확보하고 이를 정제·가공하며 의사결정에 적극적으로 활용하는 능력에 달려 있다. 국가경쟁력 측면에서 보면 이런 데이터 활용의 중요성을 인지하고 이를 가능하게 해주는 분석서비스업을 활성화해 다양한 조직의 경쟁력을 제고할 여건을 조성하는 것이 중요하다. 이를 위해서는 관련 학문 분야의 협업을 통한 데이터 과학자의 양성 및 공급을 활성화하고 기업 및 공공분야 기관의 수요가 늘어나는 선순환이 자리 잡아야 할 것이다.

의료 산업의 미래는 어디에 있나

의료 빅데이터 시장

데이터 열풍이 전 세계 의료산업에 몰아닥치고 있다. IBM의 인공지능 '왓슨'은 암진단 정확도가 96퍼센트에 달해 전문의를 능가하고 있다는 평가를 받고 있고, 제약업계는 신약 개발 및 마케팅에 데이터 기반 프로세스를 도입하고 있다. 각종 약물을 개발할 때 부작용과 위험도를 줄이기 위해 SNS 데이터를 바탕으로 특정 기능의 신약에 대한 수요를 판단한다. 그 결과 비용을 절감하고 매출을 높이고 있다.

산업통상자원부의 조사 결과에 따르면, 전 세계 의료 빅데이터 시장은 2023년 629억 달러에 이를 것으로 전망된다. 이러한 추세 속에 미국 버락 오바마 행정부는 2015년 1월 정밀의료추진계획PMI을 발표하면서 2억 1500만 달러를 투자한다고 공표해 의학계의 패러다임 변화를 예고했다. 영국은 2013년 보건의료 빅데이터 통합센터HSCIC의 설립과 동시에 '지노믹스 잉글랜드'라는 국영기업을 설립해 2조 원의 예산을 투입하고 10만 명의 유전자 정보를 분석한다는 목표를 세웠다. 일본은 의료 빅데이터 정비 프로젝트를 추진해 역시 맞춤형 진료와 의료서비스 개선에 활용한다는 계획이다. 우리나라도 글로벌 의료 선진화에 발맞춰 의료 빅데이터 및 스마트 헬스 등을 전략적으로 육성하기 위해 국가적 차원에서 노력을 기울이고 있다.

데이터에 기반하는 의료 서비스의 궁극적인 목표는 개개인의 맞춤형 의료 서비스다. 이를 위해서는 개인 고유의 유전자 데이터, 병원 등 의료기관에 보관되는 각종 의료 데이터 그리고 생활 전반의 기록인 라이프 로그 데이터가 필요하다. 하지만 이를 실현하기 위해서는 개인정보 보호 문제, 데이터의 확보, 데이터 과학자의 확보 등 풀어야 할 문제가 산적해 있다.

의료 산업과 데이터 분석학이 결합한 의료 선진화는 지금까지 보아온 다양한 산업들의 융합 과정보다 한층 더 복잡한 양상으로 전개될 것으로 보인다. 이 과정에는 기술적·법률적·경제적·문화적 걸림돌도 존재한다. 글로벌 의료시장에서 국내 의료업계가 경쟁력을 가지고 주도적인 역할을 하기 위해서는 정부의 투명한 리더십과 의료 산업계의 전향적이고 미래지향적인 자세가 절실하다.

FUTURE 100 '포켓몬 고'가 던진 새로운 질문

지리정보시스템

2016년 여름. 열풍을 넘어 하나의 현상을 만들어낸 게임이 있다. 바로 '포켓몬 고Pokemon Go'다. 구글의 지도 데이터와 모바일 증강현실 기술 그리고 포켓몬스터라는 세계적인 캐릭터가 결합해 만들어진 이 게임은 '포케모노믹스'라는 신조어를 만들어내기도 했다.

2012년에 치러진 국내 대통령선거에서는 기존과 다른 방식으로 선거전략이 수립되었다. 지도 위에 성별, 나이, 학벌, 소득, 관심 정책 등과 같은 유권자 정보를 결합해 선거를 준비하는 이들이 더 적극적이고 효과적으로 유권자에게 접근하는 전략을 내세운 것이다.

지리 공간 데이터를 분석, 가공해 교통·통신 등에 활용할 수 있는 지리정보시스템GIS은 지리 정보와 건물 정보를 통합해 현실 공간에 대한 정보를 제공한다. 이를 이용하면 특정 지역에 관련된 정책이나 경제활동이 어떤 결과를 가져올지에 대해서 과학적인 예측이 가능하다.

전자 지도 기술이 발전하기 시작한 초기에는 편리하고 정확한 지도 제작에 초점을 맞췄다. 하지만 데이터베이스와 네트워크 기술이 발전한 현재에는 지도 정보의 다양한 활용에 초점이 맞춰지고 있다. 지도 정보와 차세대 기술인 증강현실 기술이 결합한 포켓몬 고는 2016년 현재 IT를 집약하는 대표적인 융합 사례다.

지리정보 혹은 위치정보 시스템을 기반으로 한 위치정보사업의 규모는 국내에서 계속 증가 추세에 있다. 방송통신위원회에 따르면 2015년 국내의 위치정보사업은 약 4635억 원의 규모로 집계되었는데, 향후 2018년에는 2천여억 원이 증가한 6718억 원 규모가 될 것으로 예상하고 있다. 이는 전 세계적인 추세이기도 하다. 2010년 27조 원이었던 글로벌 위치정보산업의 규모는 5년 사이에 122조로 급격하게 증가했다.

지리정보산업을 이끌고 있는 기업은 역시 구글이다. 구글은 2004년 디지털 지도 업체를 인수한 뒤 구글맵을 선보였고, 구글맵은 구글이 검색과 함께 현재 인터넷, 모바일 플랫폼의 일인자가 되는 데 큰 도움이 됐다.[*]

지리정보시스템을 통해 지도 위에 새로이 가공된 데이터, 특히

---

[*] 아직 구글에 지리 정보 데이터를 제공하지 않고 있는 한국 정부의 정책으로 포켓몬 고 게임을 하지 못하자 구글에 국내 지리 정보 개방을 요구하는 의견이 빗발치기도 했다.

성별, 소득, 소비 성향, 연령 등과 같은 고객 데이터들은 기업이 마케팅 전략을 수립할 때 중요한 자료가 된다. 특정 지역의 매출이 부진하다면 원인을 신속하게 파악하고 효과적인 대응방향을 마련하는 등 지리정보시스템은 다양하게 활용이 가능하다. 이처럼 앞서가는 지리정보시스템의 구축은 디지털 모바일 시대의 새로운 경쟁력이 될 것이다.

가격전쟁 price war
한 회사가 가격을 낮추면 다른 회사도 연쇄적으로 가격을 낮추며 산업 전체가 가격 경쟁에 들어가는 현상을 말한다. 온라인 쇼핑몰, 대형마트 등에서는 지금도 실시간으로 가격전쟁이 진행되고 있다.

개방형 혁신 open innovation
기업이 가진 내부 자원을 외부에 공개 혹은 공유하면서 혁신을 위해 필요한 기술과 아이디어를 기업 외부에서 가져오는 방법. 기업 생태계가 복잡하게 성장하면서 최근 주목 받고 있는 개념이다.

견제적 공급자 관리
공급업체와 적절한 관계를 유지하며 공급업체에 대한 가격 견제와 구매력을 높이기 위한 공급자 관리법. 공급자와 구매자와의 관계가 팔 하나 정도 들어가는 거리를 갖는다고 해서 arm's-length 공급자 관리라고도 한다.

결정적 사건 기술법
critical incident technique, CIT
소비자의 행동 양식에 영향을 끼친 결정적인 사건을 관찰하고 정보를 취득하는 방법. 개별 소비자 각각의 사건을 종합해 하나로 정리한 뒤, 이를 바탕으로 제품이나 서비스를 개선한다.

경계설정전략 boundary-setting strategies
한 기업이 다음 단계로 성장하는 과정에서 발생하는 혁신의 덫을 벗어날 수 있는 전략. 핵심 사업과의 관련성을 기준으로 경계를 설정해 성장 전략의 원칙을 세우는 데 주로 사용된다.

경제적 해자
해자는 중세 유럽의 성 주위에 파 놓았던 연못을 뜻하는 단어다. 경제적 해자는 성의 다리를 들어 올려 상대방의 공격을 방어한 것처럼 사업의 방어를 위해 필요한 것들을 의미하는 표현이다. 워렌 버핏이 처음 사용했다.

계단식 선택 전략

상위 요소에서 하위 요소로 계단처럼 회사의 비전과 목표, 사업 영역, 경쟁 방식, 핵심역량, 경영 시스템 등을 한 번에 논리적으로 정의하는 전략이다. 기업의 장기적인 비전을 체계적으로 설정할 때 유용하다.

계층분석적 의사결정

analytic hierarchy process, AHP

의사결정의 계층구조를 구성하는 요소 간의 비교 판단을 통해 의사결정을 돕는 방법. 결정을 내릴 수 있는 근거를 구체적인 수치로 산출하기에 정확한 의사결정의 판단 기준을 제시한다.

고객경험관리

customer experience mangement, CEM

제품이나 회사에 대한 고객의 전반적인 경험을 전략적으로 관리하는 프로세스. 많은 기업들이 고객의 경험을 이용해 차별화된 서비스를 제공하기 위해 고객경험관리 이론을 적극적으로 활용하고 있다.

공급자 재고관리

vendor managed inventory, VMI

시장의 변화에 신속하게 대응하기 위해 공급자들이 실시간으로 고객의 재고를 관리하는 방법. 수요를 비교적으로 정확하게 예측할 수 있어 과잉재고의 부담을 덜어낼 수 있다.

구속 기반 메커니즘

기술이나 서비스에 익숙해지기 위해 투자한 비용과 시간으로 전환비용이 발생하면 소비자는 해당 기술이나 서비스를 지속적으로 사용하는 경우가 많다. 이동통신사의 멤버십, 커피 전문점의 쿠폰 등이 구속 기반 메커니즘을 활용한 대표적 예다.

국부펀드 sovereign wealth fund

국가기관이 적정 수준 이상으로 보유한 외환을 따로 투자용으로 책정해 모아놓은 자금을 말한다. 석유를 수출해 벌어들인 오일 달러나 무역수지 흑자로 발생한 외환 보유액 등이 국부펀드의 주요 자금원이다.

기브&테이크 이론

와튼스쿨 최연소 종신교수 애덤 그랜트가 발표해 '주기만 하는 사람은 자신의 이익을 챙기지 못한다'는 편견을 깨뜨리며 주목 받은 이론. 기브&테이크 이론은 생산성을 저해하지 않으면서도 조직 구성원들이 나눔의 관계를 유지할 때, 실적도 극대화할 수 있다는 새로운 시사점을 제시한다.

기업공개 initial public offering

일정 규모의 기업이 상장 절차를 밟기 위해 외부 투자자들에 대한 첫 주식공매. 기업은 기업공개를 통해 새로운 자금 조달처를 찾고 유동성을 확보할 수 있어, 기업의 규모를 키우며 보다 안정적인 운영을 할 수 있게 된다.

기펜재 Giffen's goods
일반적인 열등재와는 반대로 가격이 하락하면 수요가 오히려 감소하는 재화.

네트워크 외부성 효과
네트워크를 기반으로 하는 모든 산업에 적용되는 법칙. 네트워크를 이용한 어떤 재화나 서비스의 가치는 사용자의 수에 기하급수적으로 비례해 커지는 효과를 의미한다.

뉴로마케팅 neuromarketing
뇌신경과학과 마케팅을 결합한 단어로 소비자 연구의 새로운 방법으로 주목 받는 마케팅 방법이다. 소비자가 가진 구매 욕구의 95퍼센트 이상을 차지하는 무의식의 영역을 신경전달물질로 파악한 뒤 이 결과를 이용해 마케팅 전략을 수립한다.

니치 플레이어 niche player
플랫폼 생태계에 구축해놓은 서비스를 활용해 자신만의 특성화된 기술을 발휘하는 이들로, 같은 네트워크상에서 다른 구성원과 차별되는 제품이나 서비스를 제공한다.

단계적 요청 방법
순서를 통해 상대에게 설득을 하는 방식. 상대에게 아주 작은 부탁을 하고, 상대가 이 부탁에 응할 경우, 최종 목표가 되는 더 큰 부탁을 하면서 상대를 설득하는 목표를 이루는 방법이다.

닻내림 효과 anchoring effect
배가 어느 지점에 닻을 내리면 그 주변에서 벗어나지 못하는 것처럼 인간의 사고가 처음 입력된 이미지나 정보에 의해 이후의 판단과 의사결정에 영향을 받아 그 주변에서 크게 벗어나지 못하는 현상.

데이터 과학자
각종 수치를 의미 있는 정보로 가공해 의사결정에 결정적인 도움을 주는 역할을 하는 이들을 일컫는다. 데이터의 증가 속도에 비해 이를 취합하고 가공할 인력이 부족한 실정이다. 이에 미국의 유명 비즈니스 스쿨에서는 데이터 과학자를 양성하기 위한 과정을 신설하고 있는 중이다.

디스인플레이션 disinflation
인플레이션 상태에서 물가상승률이 줄어드는 현상. 일반적으로 디스인플레이션은 과열된 인플레이션을 막기 위해 통화량 증가를 억제하는 긴축정책을 사용할 때 발생한다.

러브마크 lovemark
브랜드가 계속 살아남기 위해서는 소비자들과 이성이 아닌 감성으로 연결돼야 한다는 개념의 마케팅 용어. 기업이 고객의 가슴 속에 최고로 남으려면 '사랑처럼 깊은 자국'을 남겨야 한다는 취지로 영국의 광고회사 사치앤사치의 CEO 케빈 로버츠가 처음으로 소개했다.

로테크 low tech
적당히 발달한 기술이라는 뜻의 단어. 기술을 활용하는 법을 어렵게 배우면서 지치고, 오히려 그 기술로 인해 더 바쁜 생활만 영위하게 되는 현상에 거부감을 느끼는 이들이 늘면서 주목받고 있는 개념이다.

롱테일 법칙
수익의 80퍼센트가 중요한 20퍼센트에서 나온다는 파레토 법칙이 적용되지 않는 사례를 설명한 단어. 다수의 중요하지 않은 80퍼센트가 더 많은 가치를 창출하며 수명을 길게 만드는 현상을 의미한다.

리버스 멘토링 reverse mentoring
나이가 어리고 직급이 낮은 사람이 상사의 멘토가 되는 전략. 내부 조직 간의 소통이 원활하지 않은 기업에서 도입하면 긍정적인 성과를 거둘 수 있다.

리쇼어링 reshoring
비용이 저렴한 국가로 생산 혹은 서비스 분야를 이전한 기업이 이전됐던 분야를 본국으로 다시 옮기는 현상. 자국의 산업을 발전시키고 경제를 활성화하는 국가적 전략이

되기도 한다.

리스크 풀링 risk pooling
시스템 내에 분포되어 있는 위험 또는 불확실성을 하나로 모으는 방법.

리틀의 법칙 Little's Law
재고와 산출율 그리고 시간의 상관관계를 나타낸 법칙. 재고가 해당 프로세스에 얼마나 있는지를 간단한 수식으로 표현할 수 있어 생산 라인의 개선점을 찾아내는 데 유용하게 사용된다.

링겔만 효과 Ringelmann effect
뛰어난 개인이 집단에 소속되었을 때 그 효과가 반감되는 현상. 이러한 현상을 실험을 통해 밝혀낸 독일의 심리학자 링겔만의 이름을 따서 링겔만 효과라고 부른다.

맥그리거의 X이론과 Y이론
인간의 본성을 X와 Y 두 가지로 분류해 각 본성에 맞는 동기부여 방식을 제시하는 이론. X이론은 인간이 수동적 존재라고 가정하며 엄격한 통제와 관리를 제안하고, Y이론은 자율적으로 책임을 보장하며 자아실현을 돕는 것을 제안한다.

메트칼프의 법칙 Metcalfe's law
네트워크의 효용성은 네트워크 참여자 수의

제곱에 비례한다는 법칙. 인터넷 경제에서 사용자 규모의 중요성을 설명하고 있는 대표적인 법칙이다.

무어의 법칙 Moore's law
반도체 집적회로의 성능이 18개월마다 두 배로 증가한다는 법칙. 마이크로칩의 기술 성장 속도를 예측할 수 있는 법칙으로 인텔의 공동설립자인 고든 무어가 발표했다.

미텔슈탄트 Mittelstand
독일의 중소기업을 뜻하는 말. 종업원 500명 이하, 매출액 5000만 유로 미만의 규모를 가진 기업을 의미한다. 현재 독일에는 약 400만 개의 미텔슈탄트가 존재하며, 이들이 창출하는 부가가치는 독일 GDP의 50퍼센트를 차지한다.

믹트 MIKT
경제 성장 잠재력을 지닌 신흥 국가를 뜻하는 단어 중 하나. 멕시코, 인도네시아, 한국, 터키의 영문 이름을 줄여서 부르는 말이다.

법정관리
법원 주도로 부실기업을 회생시키는 방법. 법원의 결정에 따라 부도 기업이 법정관리 기업으로 결정되면 부도를 낸 기업주의 민사상 처벌이 면제되고 모든 채무가 동결되면서 채권자는 그만큼 채권행사의 기회를 제약받는다.

비스타 VISTA
중국 이후 새로운 시장의 대안으로 부상하는 다섯 국가를 일컫는다. 베트남, 인도네시아, 남아프리카 공화국, 터키, 아르헨티나를 줄여서 부르는 말이다.

비즈니스 분석학
다양하게 취합한 빅데이터를 분석하고 가공해 비즈니스에 적용하는 것을 말한다. 데이터를 근거로 저비용 고효율 구단 운영을 선보였던 머니볼 이론 등이 대표적이다. 현재 글로벌 기업들은 비즈니스 분석학을 활발히 적용하며 기업의 문제점을 효율적으로 개선하고 있다.

빅 배스 big bath
회계장부 정리를 통해 손실을 감수하더라도 새로운 환경에서 경영을 시작하겠다는 의미를 담은 말. 주로 한 기업의 CEO가 바뀌었을 때 발생한다.

사물지능통신
통신, 방송, 인터넷 등의 인프라를 인간 대 사물, 사물 대 사물 간 영역으로 확대하고 연계해 사물을 통해 지능적으로 정보를 수집, 가공, 처리한 뒤 이 정보를 다른 기기에도 전달하는 기술.

사일로 효과 silo effect
부서 간에 정보를 공유하지 않으려는 현상.
곡식을 저장하는 굴뚝 모양의 창고인 사일
로를 빗댄 표현이다. 조직 장벽, 부서 이기
주의가 대표적인 사일로 효과다.

서브퀄 SERVQUAL
서비스 품질을 측정하고 평가하기 위해 개
발한 방법 중 하나다. 서비스의 특성을 고려
해 서비스를 제공받기 전의 기대와 서비스
소비 후의 지각을 비교하는 방법이다. 서비
스만족지수, 한국서비스품질지수(KS-SQI)
등이 대표적인 지표다.

서비스 회복 패러독스
서비스 실패 후에 서비스 회복을 경험한 고
객의 만족도가 서비스의 문제를 경험하지
못한 고객의 만족도가 더 높은 현상.

서비스화 servitization
제조업과 서비스업이 융합하며 만들어낸 새
로운 산업 패러다임.

선택적 지각
소비자가 정보를 효율적으로 기억하기 위해
자신에게 필요한 정보만을 선택적으로 지각
하는 현상.

성과행동모형
좋은 실적을 올린 인재들만의 남다른 행동
패턴을 구체적이고 경험적으로 분석해 하나

의 모델을 만드는 방법.

세너지 senergy
구분과 에너지의 합성어로 1 더하기 1이 2
이하의 효과를 가져올 때 사용하는 단어.
기업의 규모가 커지면서 기업 내 복잡성이
늘어날 대 세너지 효과가 발생하기 쉽다.

쇼루밍 showrooming
오프라인 상점에서 눈으로 직접 물건을 확
인한 뒤 같은 상품을 온라인에서 저렴하게
구매하는 소비 형태.

수요망 관리 demand chain management
수요창출과 수요충족 과정의 조화를 위해
마케팅에서 판매, 고객서비스에 이르는 회사
의 고객 관련 비즈니스 프로세스를 직접 혹
은 파트너 채널을 통해 관리하는 모든 활동.

수익 관리
서로 다른 고객들에게 서로 다른 비용으로
상품을 원하는 시기에 판매해 수익을 극대
화시키는 전략. 호텔업계, 항공업계에서 주
로 사용되는 전략이다.

수쿠크
이슬람 국가들이 발행하는 채권. 국제유가
의 급등하면서 막대한 규모의 오일머니가
이슬람 지역으로 유입되자 이자를 금지하
는 이슬람 율법에 맞춰 개발된 금융상품이
다. 이자 대신 특정 사업의 투자를 통해 얻

는 수익을 배당금 형태로 지급한다.

수확체증의 법칙
투입된 생산요소가 늘어날수록 해당 산출량이 기하급수적으로 증가하는 현상. 시장에서 성공한 제품이나 기업은 계속해서 성공을 거두는 것이 수확체증 경제의 특징이다.

스캠퍼 SCAMPER
대체, 결합, 적용, 수정, 다른 용도, 제거, 재배열의 일곱 가지 영문 단어의 앞 글자를 모은 아이디어 도출 기법. 사고의 영역을 일정하게 제시하면서 보다 구체화된 아이디어를 만들어내는 기법이다. 새로운 제품의 아이디어는 물론 기업의 혁신 전략을 추출하는 데 주로 사용된다.

스크루플레이션 screwflation
쥐어짠다는 의미의 스크루와 인플레이션의 합성어. 젖은 수건의 물을 계속해서 짜내는 것처럼, 실질임금이 낮아지면서 중산층을 쥐어짜는 경기침체 현상을 의미한다.

시너지 synergy
두 개 이상의 것이 하나가 되어 독립적으로만 얻을 수 있는 것 이상의 결과를 내는 작용.

시니어 시프트
사회의 무게 중심을 노년층에 맞추고 가중치를 옮겨가기 시작한 것을 표현한 단어. 대표적 고령화 사회인 일본에서는 시니어 시

프트가 사회 전반에 걸쳐 장기간 진행되고 있다.

시베츠 CIVETS
수십 년간 세계의 공장 역할을 해온 중국을 대신할 나라를 일컫는 단어 중 하나. 콜롬비아, 인도네시아, 베트남, 이집트, 터키, 남아프리카 공화국을 줄여서 부르는 말이다.

신 게이레츠
2009년 대규모 리콜 사태를 겪는 등 도요타가 시장 지배력을 회복하기 위해 실행한 위기 탈출 전략. 제조업체와 공급업체 간의 효율적 거래가 신 게이레츠의 핵심이다.

약한 유대관계
밀접한 관계를 맺고 있진 않지만 지나가면서 인사를 하는 정도의 관계를 의미한다. 인터넷의 네트워크의 발달로 SNS의 사용이 폭발적으로 증가하면서 약한 유대관계가 주목 받고 있다. 폭넓은 네트워크를 형성하고 예상치 못한 새로운 정보를 얻을 수 있다는 장점이 있다.

에프팩터 F-Factor
친구, 팬, 팔로워 등의 머리글자에서 따온 것으로 SNS, 블로그와 같은 인터넷 공간에서 형성되는 사람과 사람과의 관계를 의미한다.

역혁신
신흥국 시장에서 이뤄진 혁신이 선진국 시장으로 역류하게 된다는 이론. 아시아 신흥국 소비자 시장의 중요성이 커지면서 글로벌 기업의 추세가 되고 있다.

열등재
소득과 소비의 변화율이 반비례하는 재화. 소득이 늘면 자가용을 구입해 잘 타지 않게 되는 대중교통은 대표적인 열등재다.

와타나베 부인 Mrs. Watanabe
해외의 고금리 자산에 투자하는 일본의 중·상류층 가정주부를 일컫는 단어. 외환시장을 좌우하는 세력으로 성장하며 글로벌 외환시장의 큰손이 되었다. 이들은 낮은 저축이자에 실망해 저렴한 금리로 돈을 빌려 외화를 매도하면서 환차익을 노린다.

워크아웃 work out
경영난으로 파산 위기에 처한 기업이 채권단 주도 하에 시행하는 회생 작업. 부실한 기업 중 회생 가능성이 있는 기업을 대상으로 인력 감축, 자산 매각 등 자구노력을 전제로 채권단이 채무상환 유예 및 감면 등의 재무개선 조치를 취하는 회생 전략이다.

이스트밤 ISTVAM
중국 이후 세계경제가 주목하는 새로운 시장을 일컫는 신조어 중 하나. 인도네시아, 남아프리카 공화국, 터키, 베트남, 호주, 멕시코를 줄여서 부르는 단어다.

이유 기반 선택
소비자가 구매 결정을 할 때 선택에 대한 납득할 만한 이유가 필요하다. 스스로의 선택을 합리화할 수 있는 충분한 이유를 만드는 것이 이유 기반 선택의 핵심이다.

자기 조직화 임계성
self-organized criticality
사소한 자극에도 무너져 내리는 임계 상태에서 환경 변화에 스스로 대응해 새로운 질서를 만들어 내는 것을 의미한다. 소규모 조직을 통해 유연성을 높이고 수평적 조직을 통해 내부 소통을 원활하게 하는 자기 조직화 경영으로 활용되고 있다.

자산부채종합관리
asset liability management, ALM
금융기관이 장래에 발생할 수 있는 금리·환율의 변동성과 유동성 위협을 최대한 줄이고, 안정적인 수익 유지와 수익 증대를 위해 자산과 부채의 비율을 종합적으로 관리하는 기법.

자의 기반 메커니즘
고객에게 만족을 느끼게 하면서 해당 기술이나 서비스에 대한 지속적인 사용 의도를 갖게 만드는 것이다. 인터넷 서점의 당일배송 등이 대표적이다.

적정기술 appropriate technology
현지의 자원과 노동력을 이용해 현지인들의
필요에 맞는 친환경적이고 지속가능한 방법
으로 운용되는 기술.

전사적 리스크 관리
enterprise risk management, ERM
리스크 요인 간의 상쇄효과를 활용해 전체
리스크를 통합적으로 관리하는 위기관리 전
략. 현재 많은 기업들에서 기업 성과 평가
시스템과 연계되어 운영되고 있다.

정상재
소득이 늘었을 때 소비가 늘어나는 재화.

제품-서비스 시스템
product-service systems, PSS
소비자에게 제품과 서비스를 통합해 한 번
에 제공하는 시스템. 타이어 판매나 교체에
그치지 않고 자동차 점검 등 다양한 서비스
를 제공하는 국내 타이어 업체의 판매 전략
이 제품-서비스 시스템의 대표적 예다.

중진국의 함정
개발도상국이 중진국 단계에서 성장 동력의
부족으로 선진국으로 발전하지 못하고 경제
성장이 둔화되거나 중진국에 머무르는 현상.

지리정보시스템
지리 공간 데이터를 분석, 가공해 교통, 통
신 등에 활용하는 기술. 지리정보 혹은 위치
정보 시스템을 기반으로 한 위치정보사업의
규모는 매년 증가추세에 있어 디지털 모바일
시대의 새로운 경쟁력으로 주목 받고 있다.

집단동조 현상
어떤 행동을 할 때 남의 행동을 자신의 의
사결정 기준으로 삼는 현상. 일반적으로 자
신의 판단을 신뢰하지 못하거나, 의사결정
을 위한 정보가 부족할 때 나타난다.

참여자 중심 설계
전통적인 위계적 조직 설계에서 벗어나 협
업 전략에 맞는 새로운 조직 설계를 구축하
는 전략. 기업 내부 혹은 다른 기업과의 원
활한 상호 작용을 위해 많은 기업이 관심을
가지고 있다.

채찍효과
소비자의 수요가 제조업자에게 전달될 때
수요가 변하는 현상을 소몰이에 쓰이는 채
찍에 빗댄 단어다. 일반적으로 수요를 예측
할 때 소비자의 일부 반응을 과장해서 해석
할 경우 발생한다.

코어링 전략

해당 기술이나 서비스가 해당 분야의 핵심이 되는 전략. 새로운 플랫폼을 만들어 리더가 되는 기업들이 추구하는 전략이다.

코즈 마케팅 cause marketing

기업의 영리활동과 사회적 책임을 결합해 소비자의 구매를 기부와 연결시키는 마케팅. 기업의 이미지 제고와 수익 증대로 코즈 마케팅을 펼치는 기업들이 점차 늘어나는 추세다.

코즈의 법칙 Coase's law

모든 기업은 자신의 거래비용을 감소시키는 쪽으로 변화한다는 내용을 담은 이론. IT기술을 채택하면서 세계 경제 환경이 기업 내외의 거래비용이 줄어들고 기업 내의 복잡성이 줄어드는 현상을 설명하는 데 자주 인용되고 있다.

키스톤 플레이어 keystone player

플랫폼 생태계의 적극적인 리더로 생태계 전반의 방향을 이끌어 나가는 핵심 역할을 한다. 이들은 플랫폼을 통하여 생태계 전반에 가치를 창조하고 공유하는 '네트워크의 허브'가 된다.

타협효과 compromise effect

소비자가 충분한 정보를 갖지 못했을 때 여러 선택지 중 양극단은 배제하고 심리적으로 무난하다고 생각되는 중간에 위치한 대안을 선택하는 경향을 의미한다. 위험을 회피하고자하는 인간의 심리에서 비롯되는 현상이기도 하다.

통합적 마케팅 커뮤니케이션

inergrated marketing communication, IMC

소비자를 구매 행동으로 이끌기 위해 단일 커뮤니케이션 수단 외에 타깃 고객들에게 효과적으로 도달할 수 있는 매체나 접촉 수단을 적극적으로 활용하는 마케팅 프로세스. 커뮤니케이션 수단들의 역할을 비교·검토하고 최적의 커뮤니케이션 효과를 거둘 수 있도록 이를 통합하는 과정을 의미한다.

틀 효과

같은 결과임에도 의사전달 방식에 따라 행동이 달라지는 현상. 온라인 쇼핑몰이 적립금이나 마일리지 이벤트로 1인 평균 구매금액을 높이는 것이 틀 효과의 오류를 활용한 대표적 사례다.

티핑 전략

시장의 대세가 자신의 플랫폼 쪽으로 기울어지도록 만드는 전략. 다른 플랫폼에 비해 독특하고 뛰어난 기술을 개발하면서 여러 플랫폼들 간 경쟁에서 이기기 위한 전략이다.

페르소나 마케팅

각 기업들이 고객에게 비치는 자신의 브랜드 이미지를 상황에 따라 다양한 페르소나로 선보이는 마케팅 전략. 신제품 개발, 시장 환경의 예측 등 마케팅 전략을 수립할 때 주로 사용된다.

푸시 시스템

수요를 예측해 고객의 요구가 있기 전에 적정량의 재고를 확보하는 생산 방식. 어플리케이션의 푸시 알림은 푸시 시스템을 활용한 마케팅 방법이다.

풀 시스템

고객의 수요가 발생하면 제품이나 서비스를 생산하는 방식. 주문이 들어간 뒤에 코스별 식사를 제공하는 최고급 레스토랑에서 주로 사용한다.

프레너미 frienemy

상호의존적이면서도 경쟁관계에 있는 기업들 사이의 관계를 일컫는 말. 어제의 동료가 오늘의 적이 되는 불확실한 환경에서 상대방과 전략적 협력관계를 구축하는 전략으로 사용되고 있다.

프로스펙트 이론

사람들은 효용이 아니라 가치에 근거해 의사결정을 수행한다는 이론. 주식이 떨어졌는데도 팔지 않고 계속 놔두는 현상 등 불확실한 상황에서의 의사결정이 기대와 다른 현상을 이론적으로 설명한다.

하이콘셉트 high concept

서로 무관해 보이는 아이디어를 결합해 남들이 생각하지 못한 새로운 아이디어를 만드는 역량, 트렌드와 기회를 파악하는 능력 등을 지칭하는 개념.

핵심인재관리 talent management

조직에 가치를 제공하는 잠재력이 높은 핵심인재들을 체계적으로 확보, 개발, 유지하기 위해 고안된 인적자원관리 방법. 인재 확보와 인재 유출을 막기 위해 최근 많은 기업들이 도입하고 있는 전략이다.

허즈버그의 2요인 이론
Herzberg's two-factor theory

조직의 성과를 높이기 위해서는 조직원들의 만족을 느끼게 하는 동기요인과 불만족을 없애는 위생요인을 갖춰야 한다는 동기부여 이론이다.

협력적 게임이론

공동 프로젝트 등 여러 참여자가 있는 상황에서 적절한 합의점을 도출하도록 돕는 이론. 샤플리 교수가 제안한 샤플리 값은 대표적인 협력적 게임이론으로 이를 활용하면 여러 사업자가 공동의 목표를 달성해야 하는 상황에서 원활한 협력을 이끌어낼 수 있다.

CPFR

유통업체와 제조업체가 공동으로 판매량을 예측한 후 적정 판매량을 합의하고 서로 머리를 맞대 의사 결정을 하는 과정. 재고와 결품을 최소화하기 위해 맺는 전략적 계약이다.

ESG environmental, social and governance

환경, 사회, 지배구조의 약자로 재무성과 위주의 기존 기업 평가 분석에 새롭게 도입된 기준이다. 2015년부터 《하버드 비즈니스 리뷰》의 세계 100대 CEO 선정 기준에도 ESG 항목이 신설됐다.

JIT just in time

글로벌 자동차 기업들과의 경쟁에서 살아남기 위해 고안한 도요타만의 독자적인 생산 시스템. 생산과정에서 발생하는 낭비요소를 줄여 재고를 대폭 줄이며 제조업체의 기본 매뉴얼이 되었다.

RFM recency, frequency, monetary value

고객이 자사 상품을을 얼마나 최근에 얼마나 자주 얼마나 많이 구매했는지, 매장이라면 얼마나 최근에 얼마나 자주 방문해 얼마나 많이 물건을 구매했는지를 가장 기본적인

분석만으로 예측 모델을 만드는 방법이다.

SEF swift and even flow

기업의 생산과 서비스 과정에서 자재나 정보가 빠르게 이동하고, 변동성이 낮은 일정한 흐름을 보여야 생산성이 높아진다는 이론. 항공사나 유통사 등에서 서비스 생산성을 향상시키기 위해 활용되고 있다.

지금 당신에게 필요한 경영의 모든 것

초판 1쇄 발행 2016년 12월 7일
초판 2쇄 발행 2017년 1월 6일

지은이 오정석
발행인 문태진
본부장 김보경
편집차장 김혜연 박은영 | 기획편집팀 김예원 임지선 정다이 이희산 | 디자인팀 윤지예
마케팅팀 한정덕 장철용 김재선 유지영

경영지원팀 윤현성 김송이 박미경 이지복 | 강연팀 장진항 조은빛 강유정
디자인 박대성 | 저자사진 오기봉

펴낸곳 ㈜인플루엔셜
출판신고 2012년 5월 18일 제300-2012-1043호
주소 (04511) 서울특별시 중구 통일로2길, AIA타워 8층
전화 02)720-1034(기획편집) 02)720-1024(마케팅) 02)720-1042(강연섭외)
팩스 02)720-1043 | 전자우편 books@influential.co.kr
홈페이지 www.influential.co.kr

ISBN 979-11-86560-30-3 (03320)

이 도서의 국립중앙도서관 출판예정도서목록(CIP)은 서지정보유통지원시스템 홈페이지(http://
seoji.nl.go.kr)와 국가자료공동목록시스템(http://www.nl.go.kr/kolisnet)에서 이용하실 수 있습니다.
(CIP제어번호 : CIP2016027829)

전국 서점 경제경영 베스트셀러 1위
KBS 〈명견만리〉를 책으로 만난다!

최고의 전문가들과 수많은 대중이
함께 만들어낸 새로운 지식 콘텐츠

"앞으로 인류는 이 책에서 제기한 문제들에 대해
지속적으로 고민하며 답을 찾아 나가게 될 것이다."

명견만리 인구 · 경제 · 북한 · 의료 편
명견만리 미래의 기회 편 : 윤리 · 기술 · 중국 · 교육 편

KBS 〈명견만리〉 제작팀 지음 | 각 300쪽 · 316쪽 | 각 권 15,800원

"격변하는 세상을 살아가는 데 필요한 마스터키 같은 책."
— **최재천** (이화여대 에코과학부 석좌교수)

"우리의 시야를 한 단계 높은 곳으로 끌어올린다."
— **김난도** (서울대 소비자학과 교수)

교보문고 북모닝 CEO 최다 조회 강의

네이버 출간 전 연재 45만 조회

**대기업 마케터부터 창업자들까지 열광한 기적의 강의
그 핵심을 담은 9가지 법칙**

"사람이 '좋다'라고 느끼는 것은 오감을 통한 본능적인 판단이다.
그러나 그 아래에는 치밀하고 과학적인 법칙이 숨어 있다."

좋아 보이는 것들의 비밀
보는 순간 사고 싶게 만드는 9가지 법칙

이랑주 지음 | 280쪽 | 15,000원

무릎을 치는 통렬한 깨달음과 뒤통수를 얻어맞은 듯한 색다른 관점이 곳곳에 숨어 있다. 저자의 놀라운 생각의 '발로'가 모두 '발로' 뛰어다니면서 현장에서 건저 올린 살아있는 깨달음의 보고이기 때문이다. 처음에는 '일리' 있는 이야기처럼 들리다가 결국 가슴을 파고들며 마음을 뒤흔드는 마케팅과 브랜딩에 관한 만고불변의 '진리'가 이 책에 숨어 있다. 한번 잡으면 손을 뗄 수 없는 지독한 책이다.

– 유영만(지식생태학자, 한양대 교수, 전 삼성경제연구소 책임연구원)